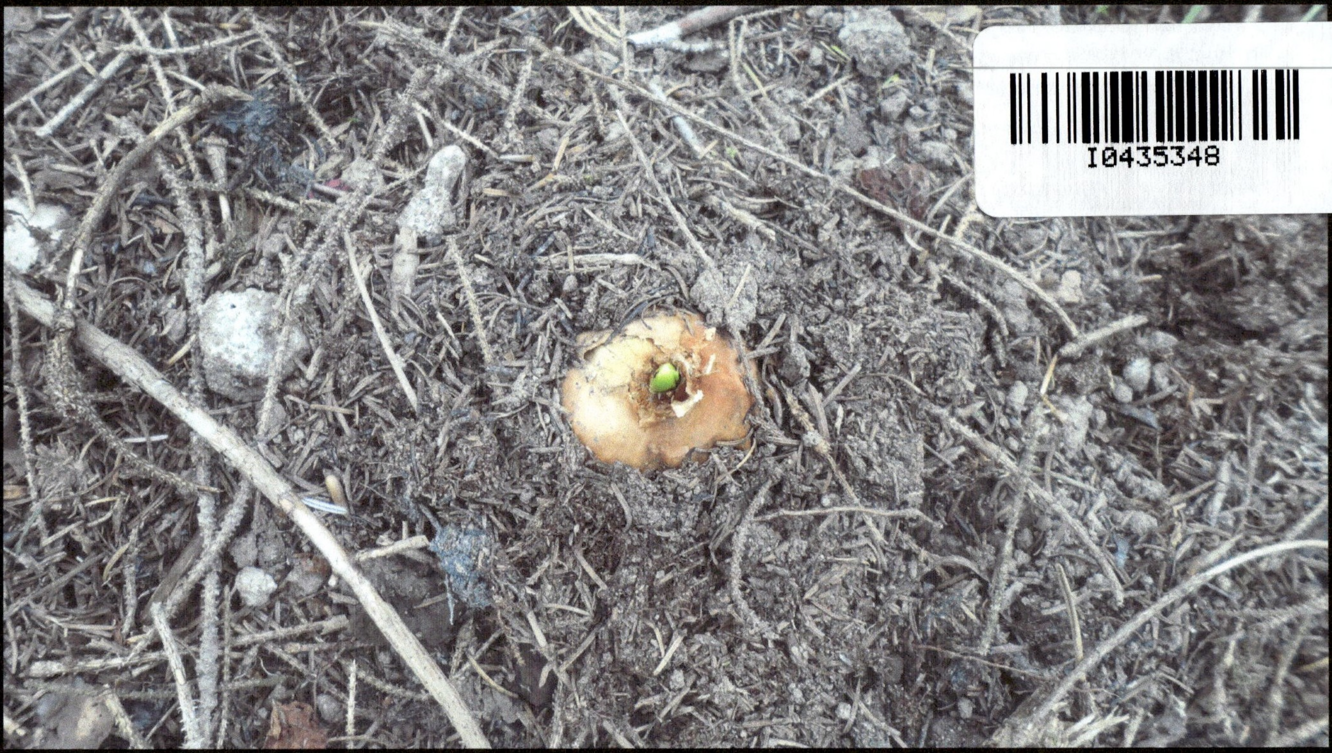

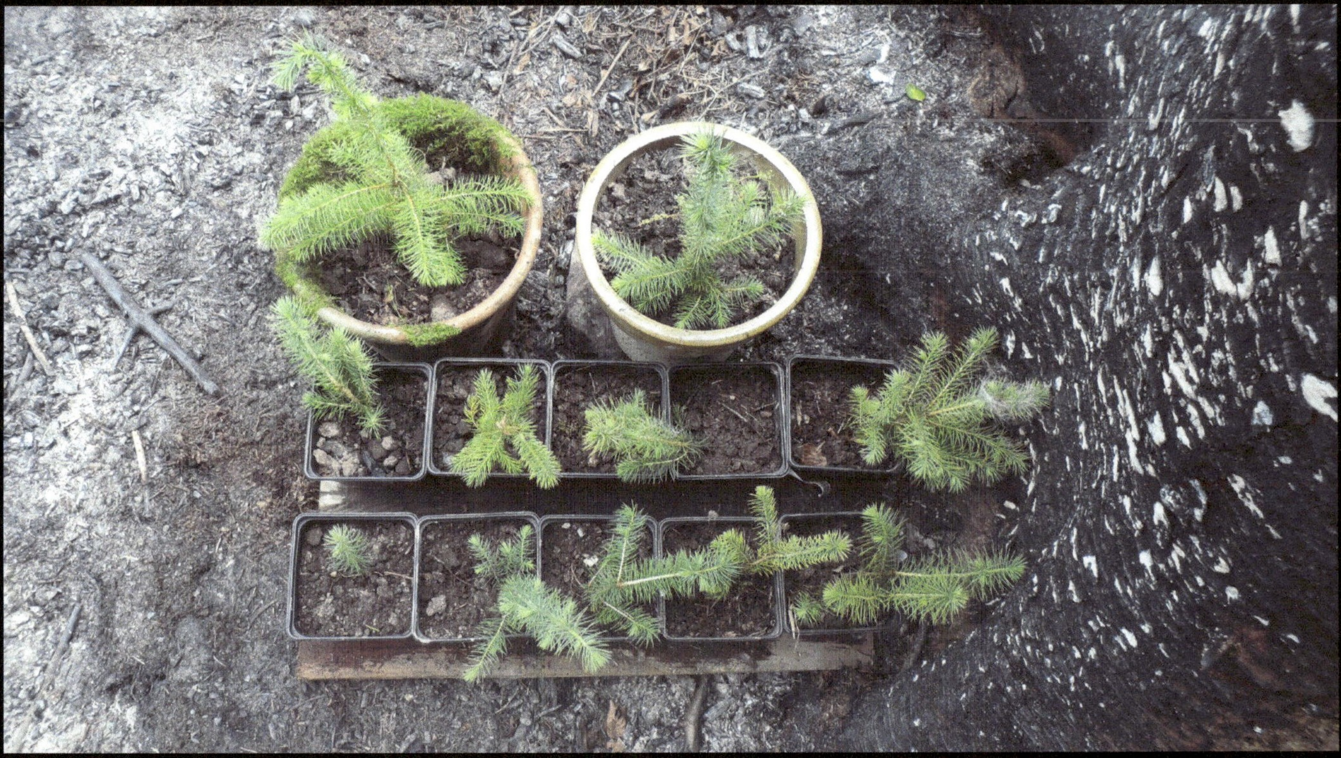

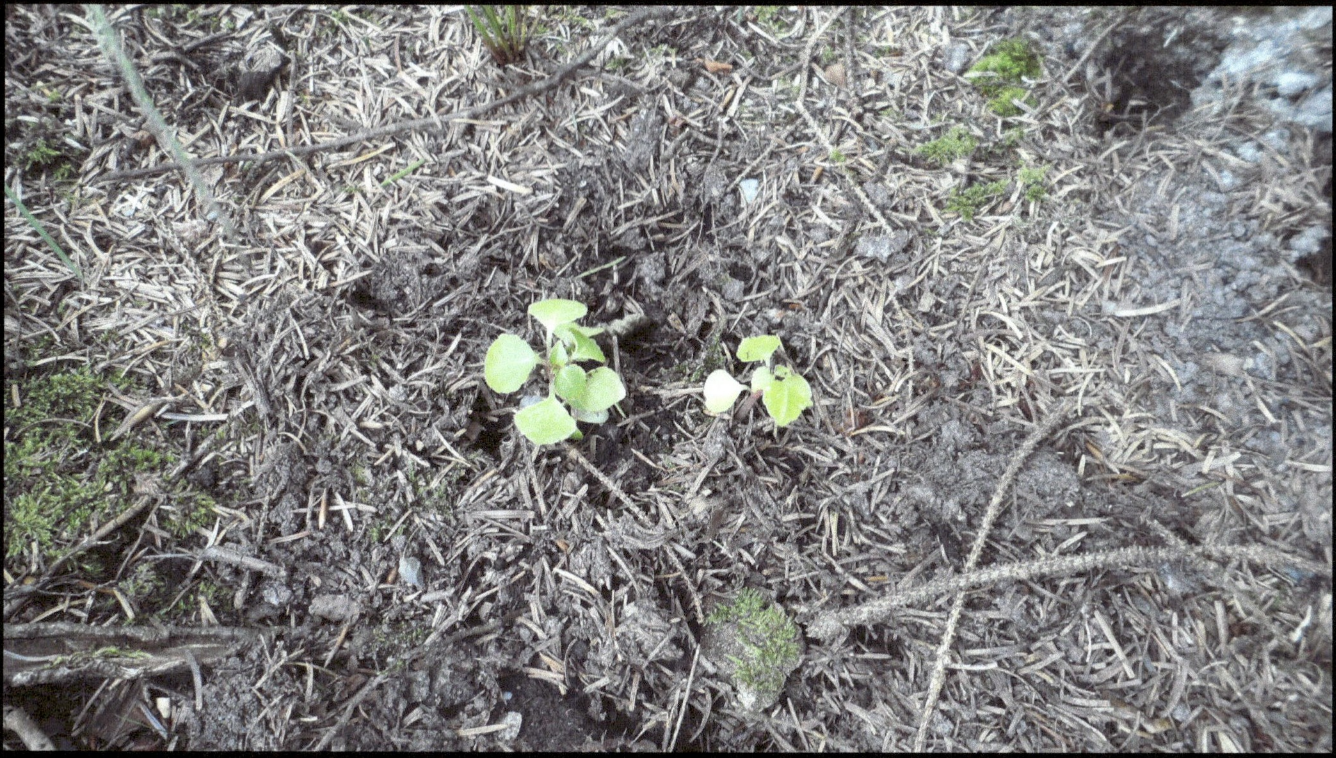

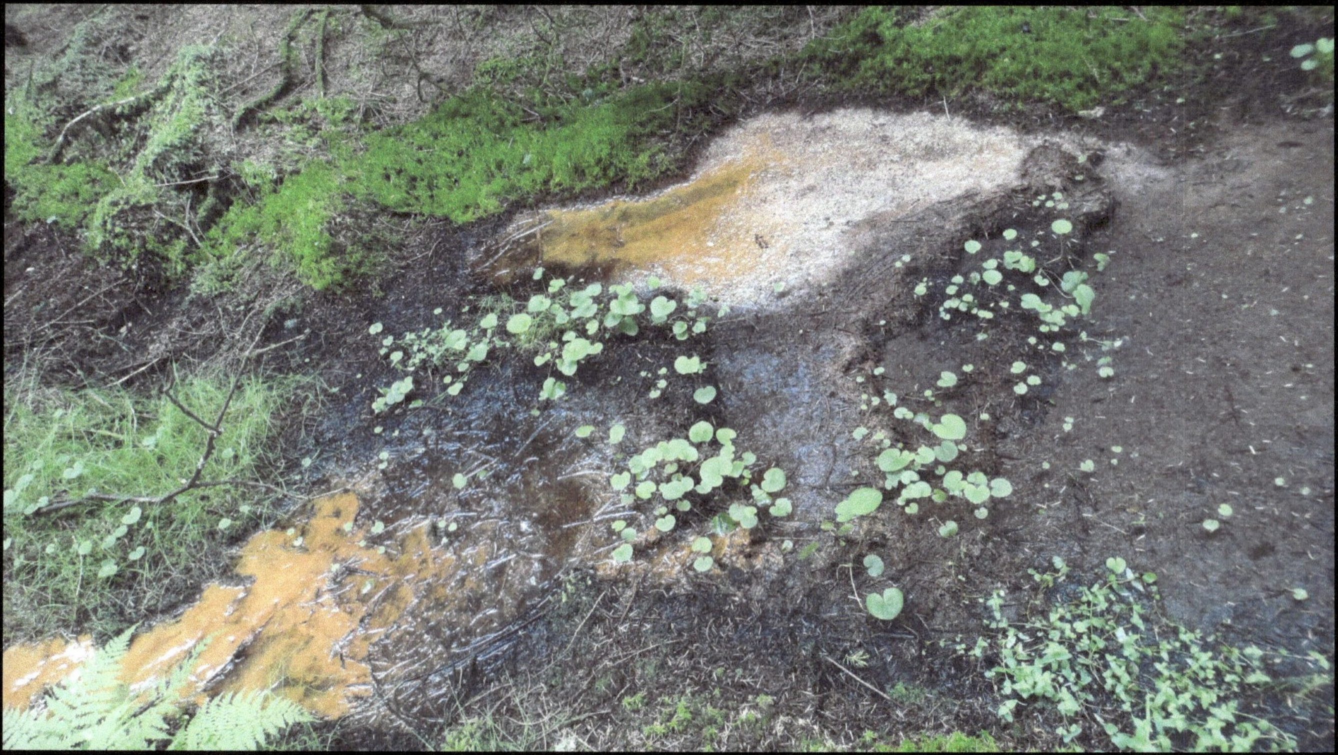

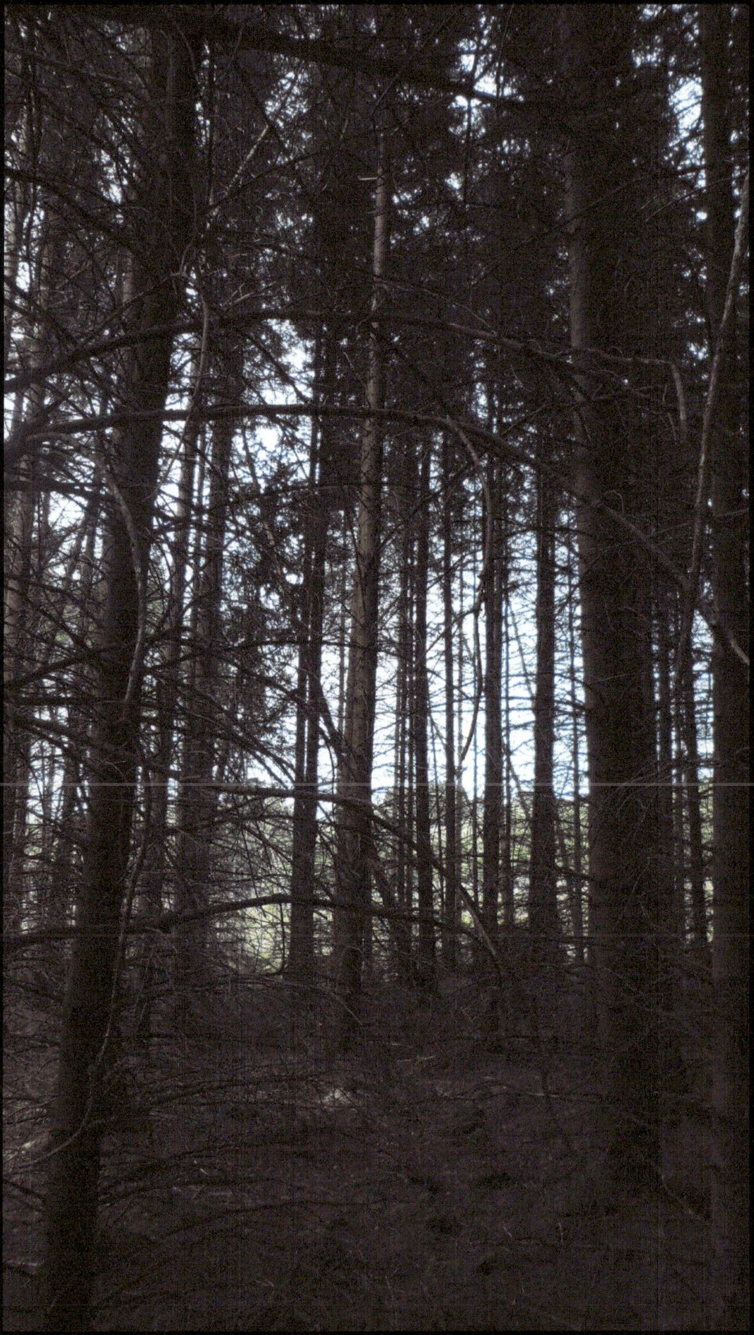

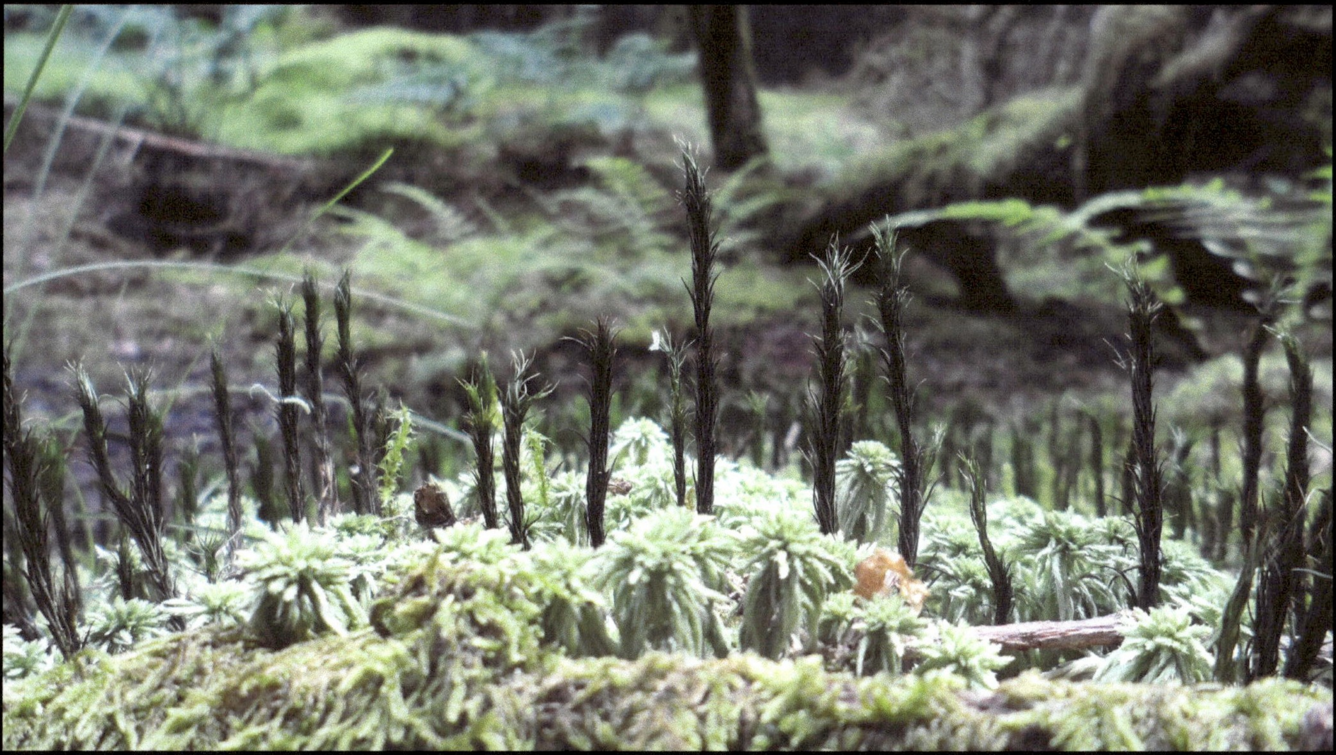
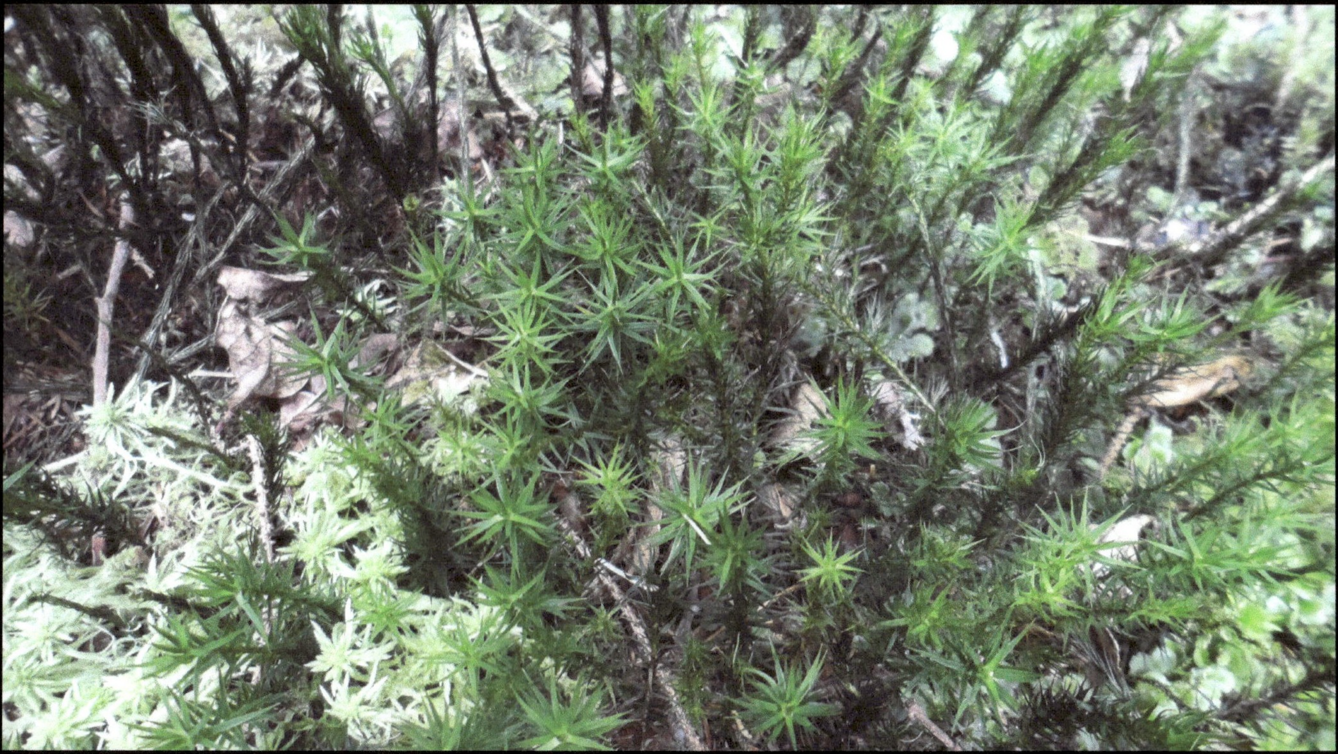

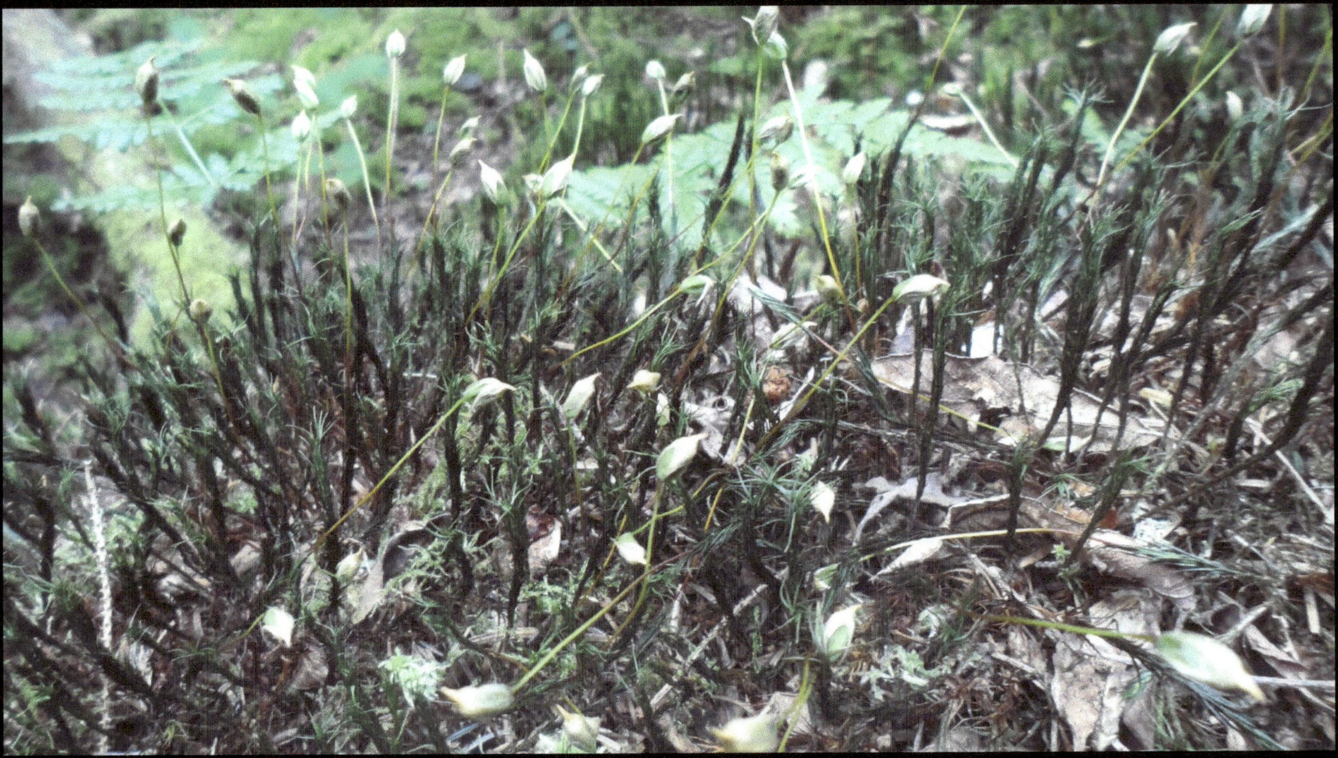

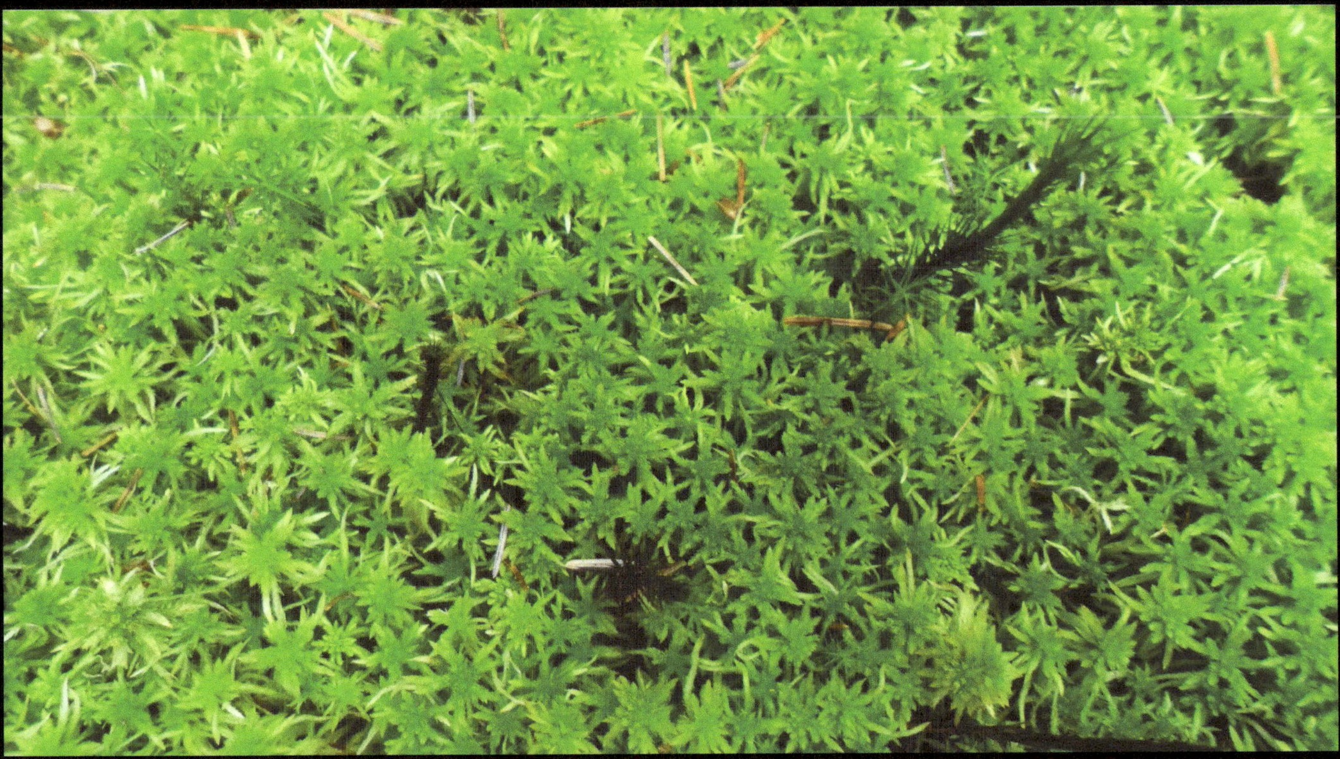

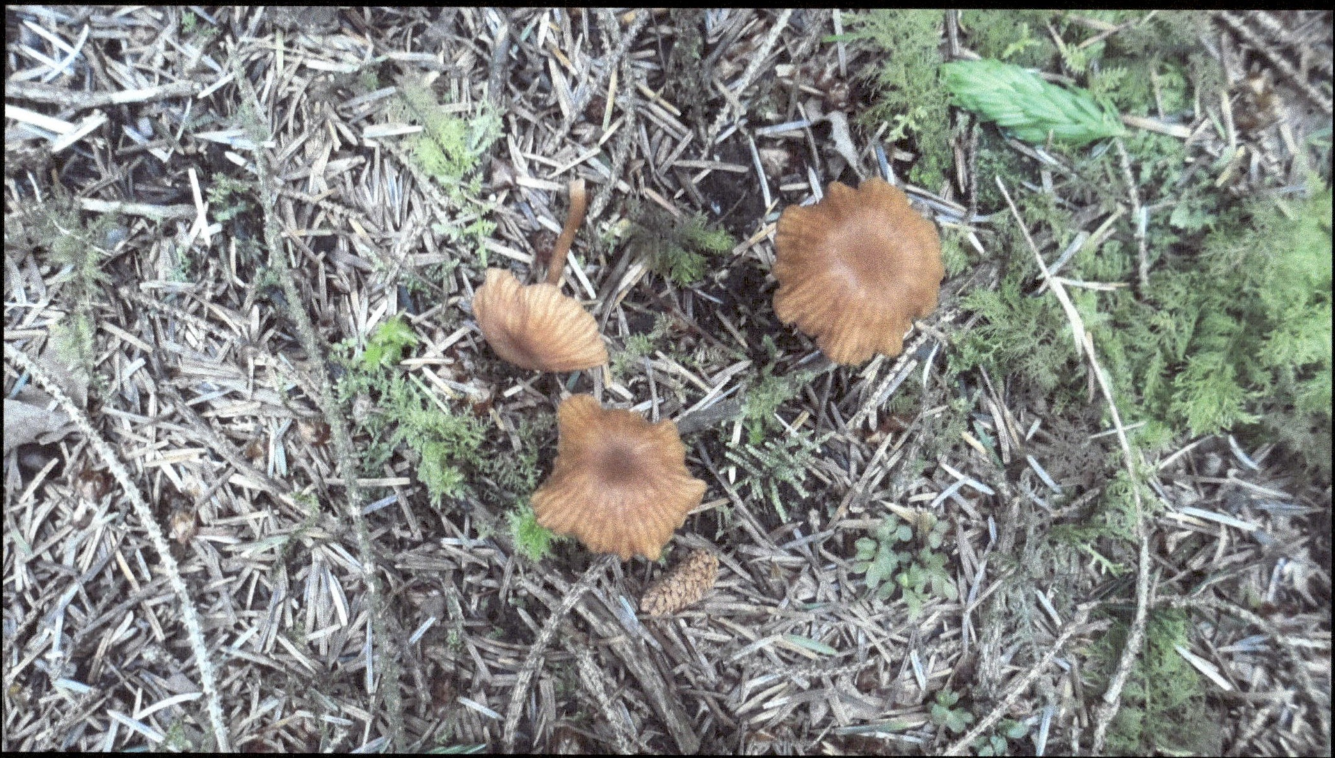

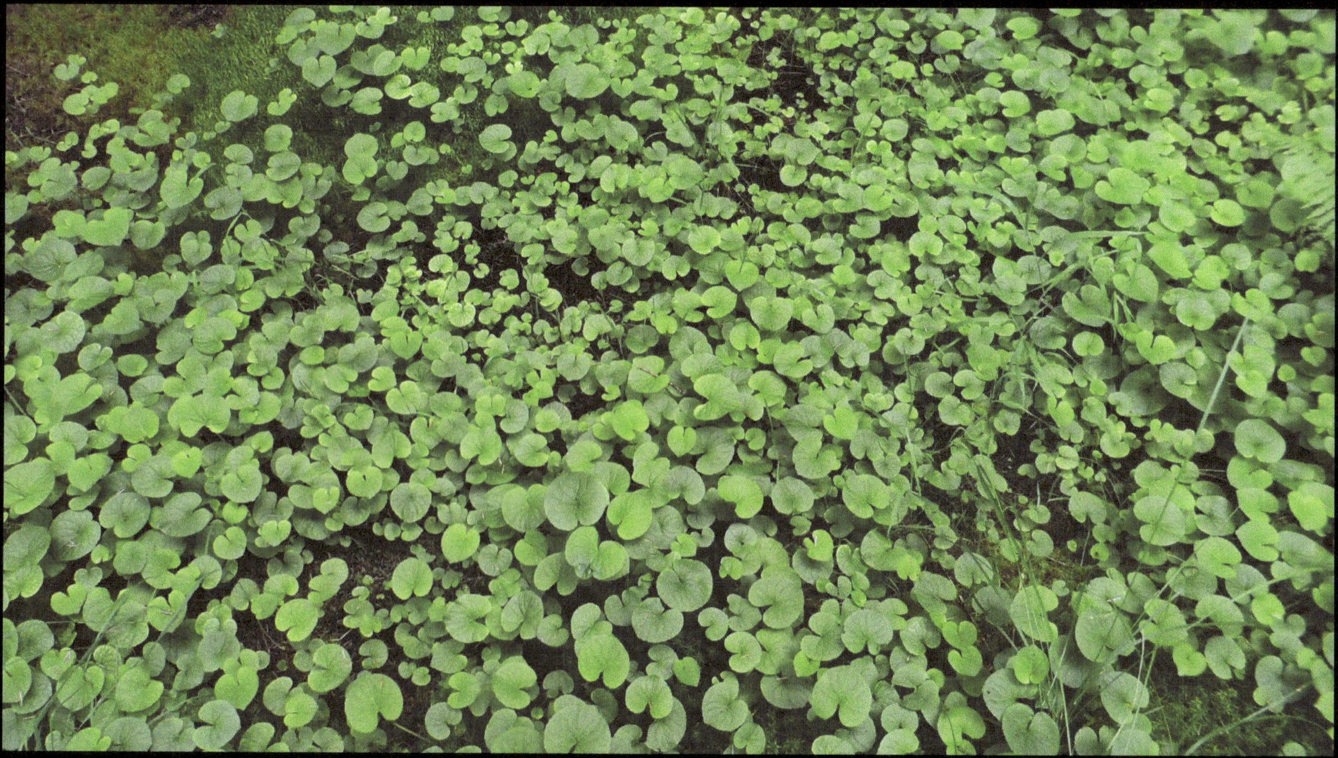

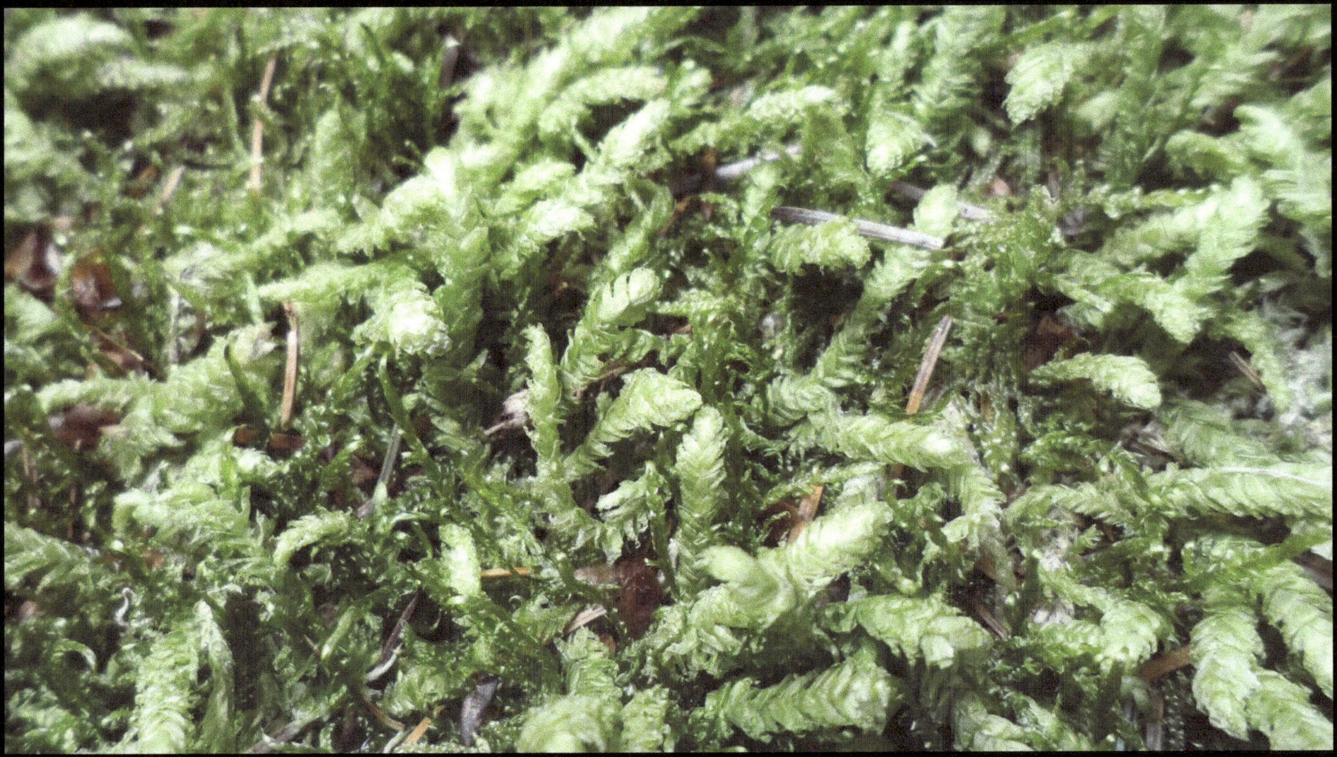
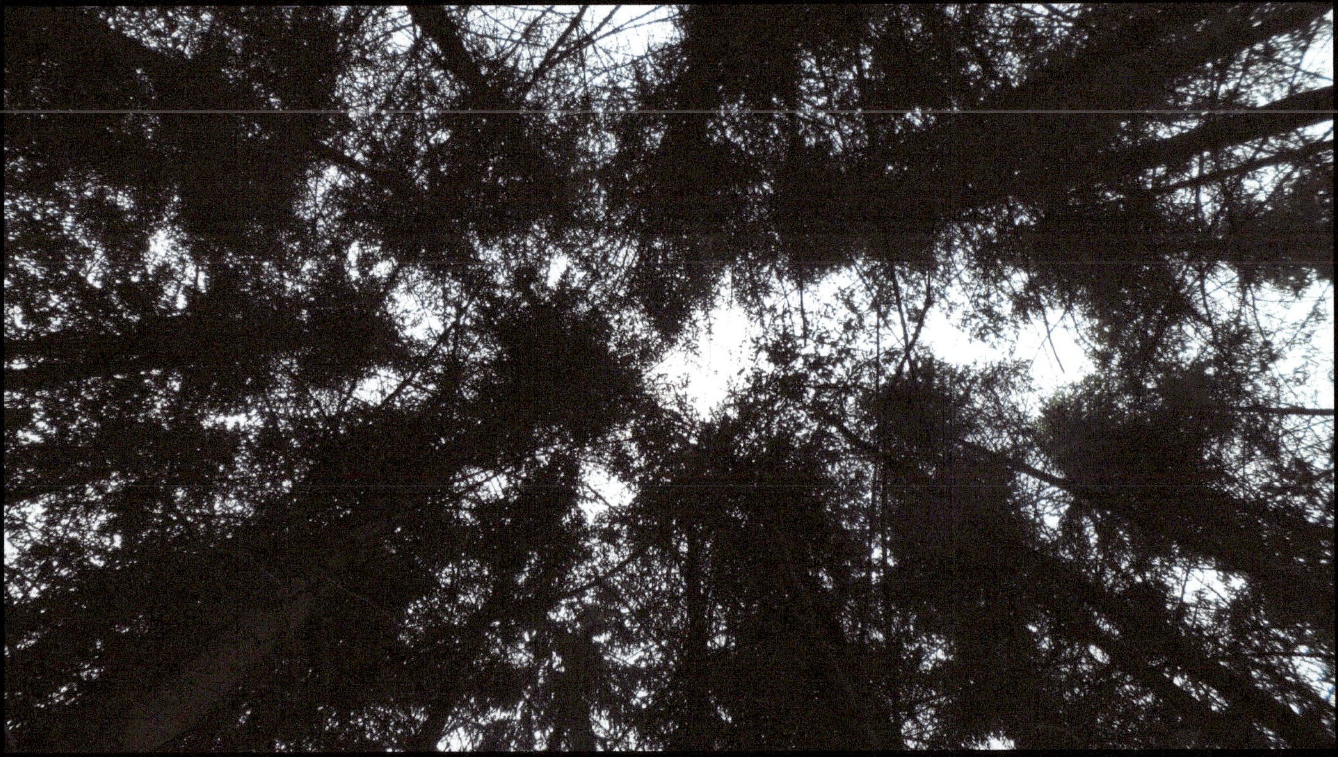

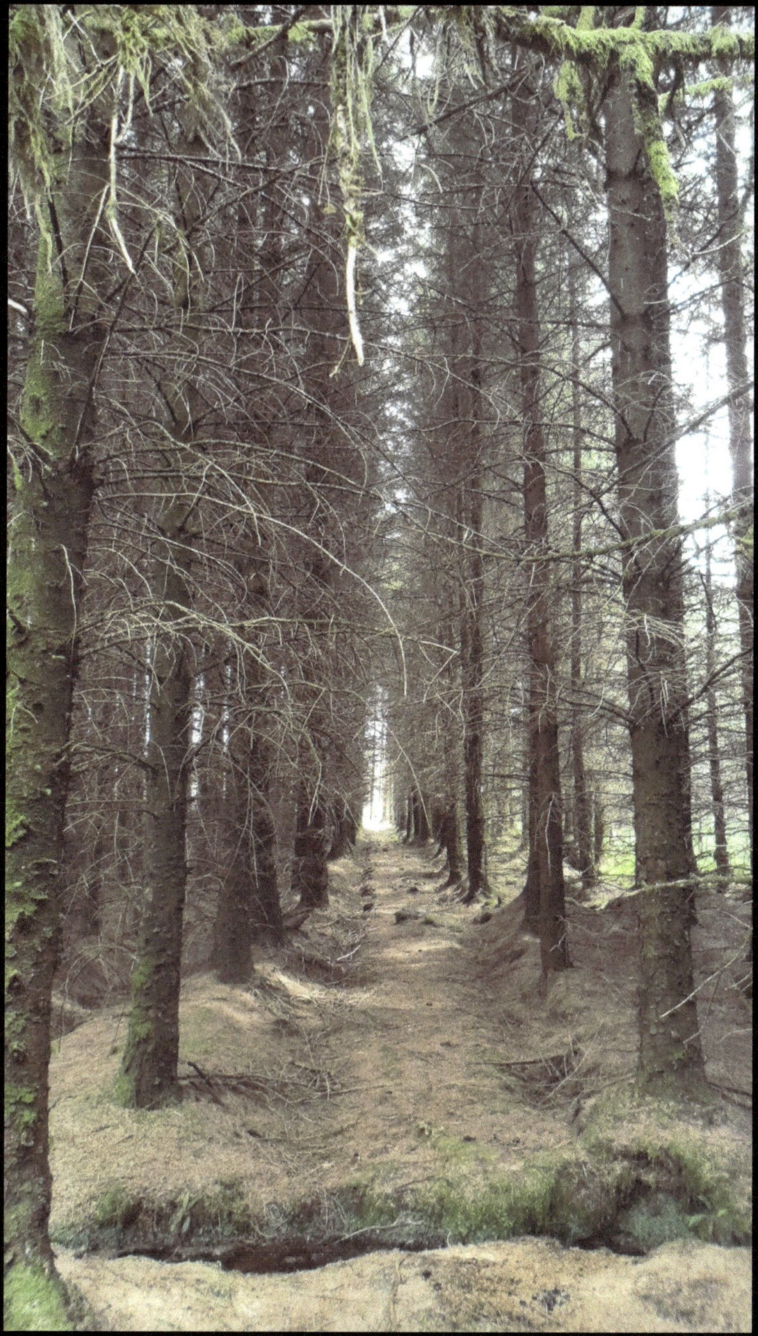

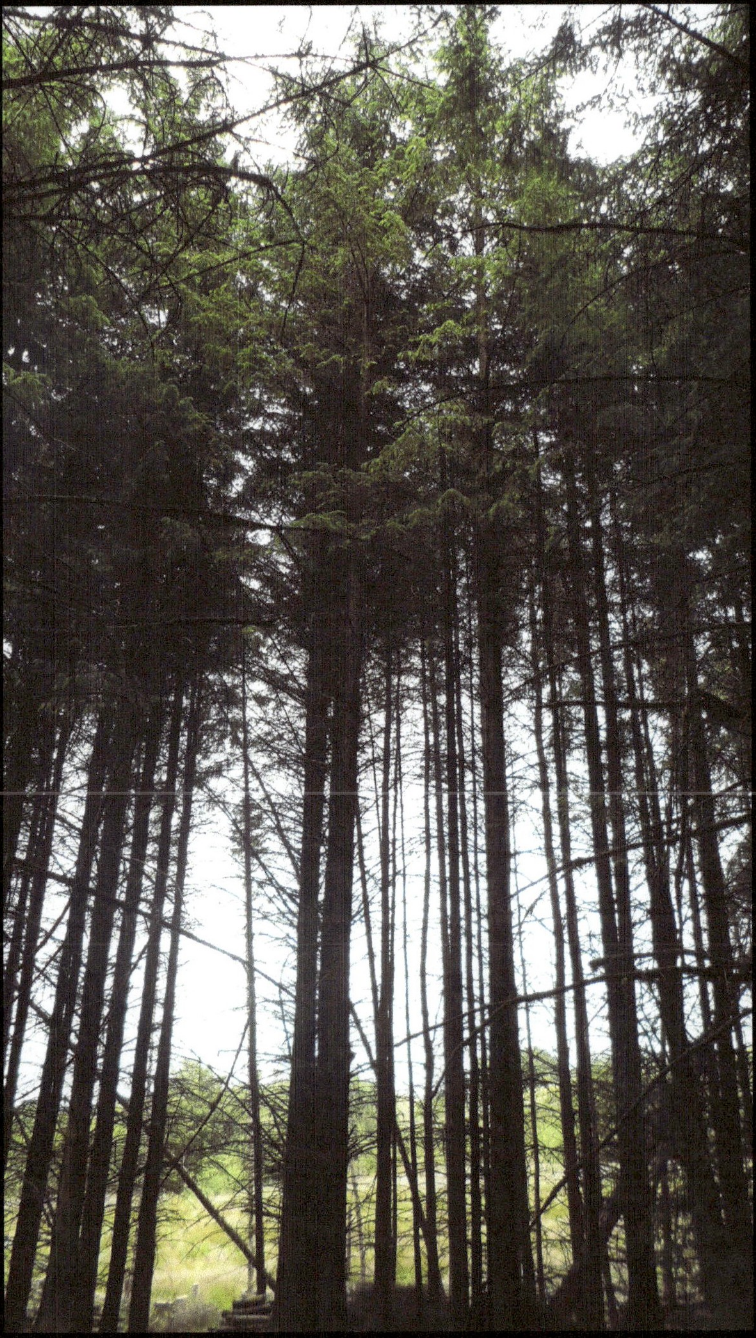

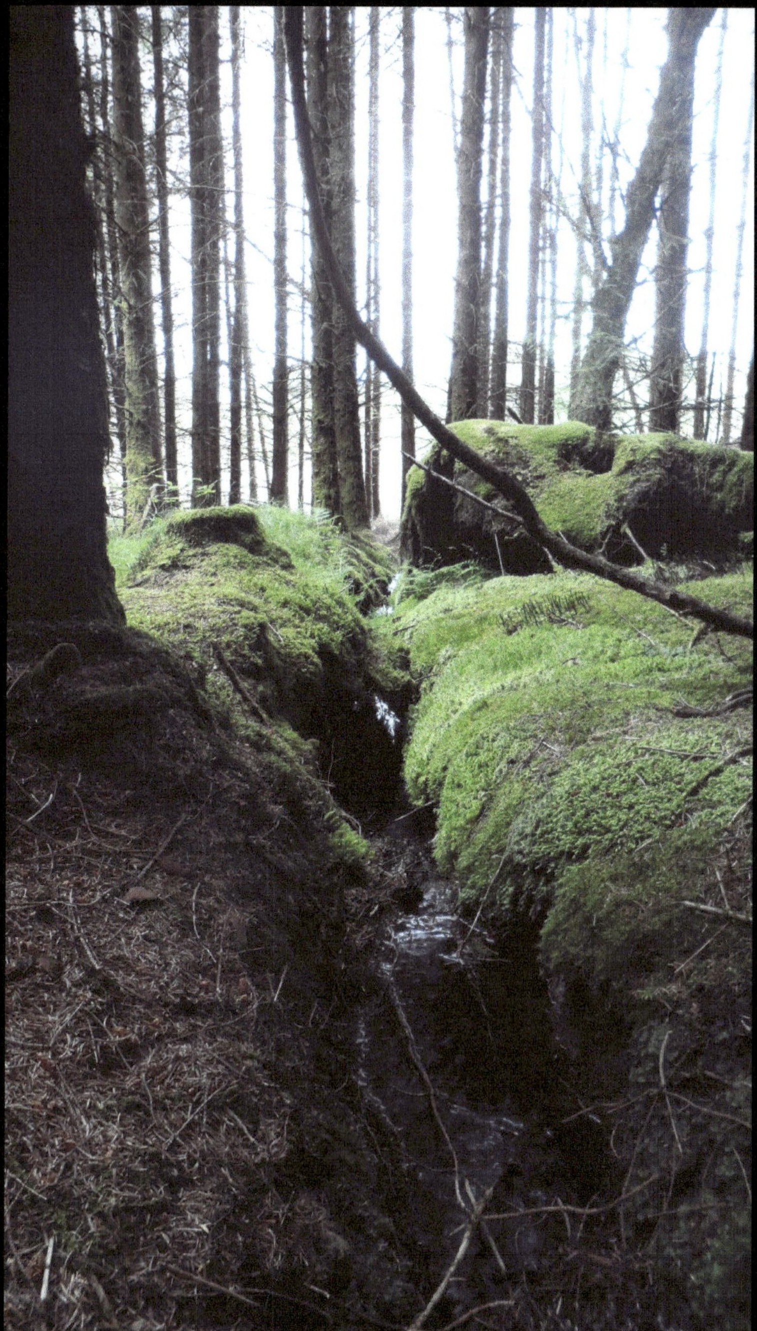

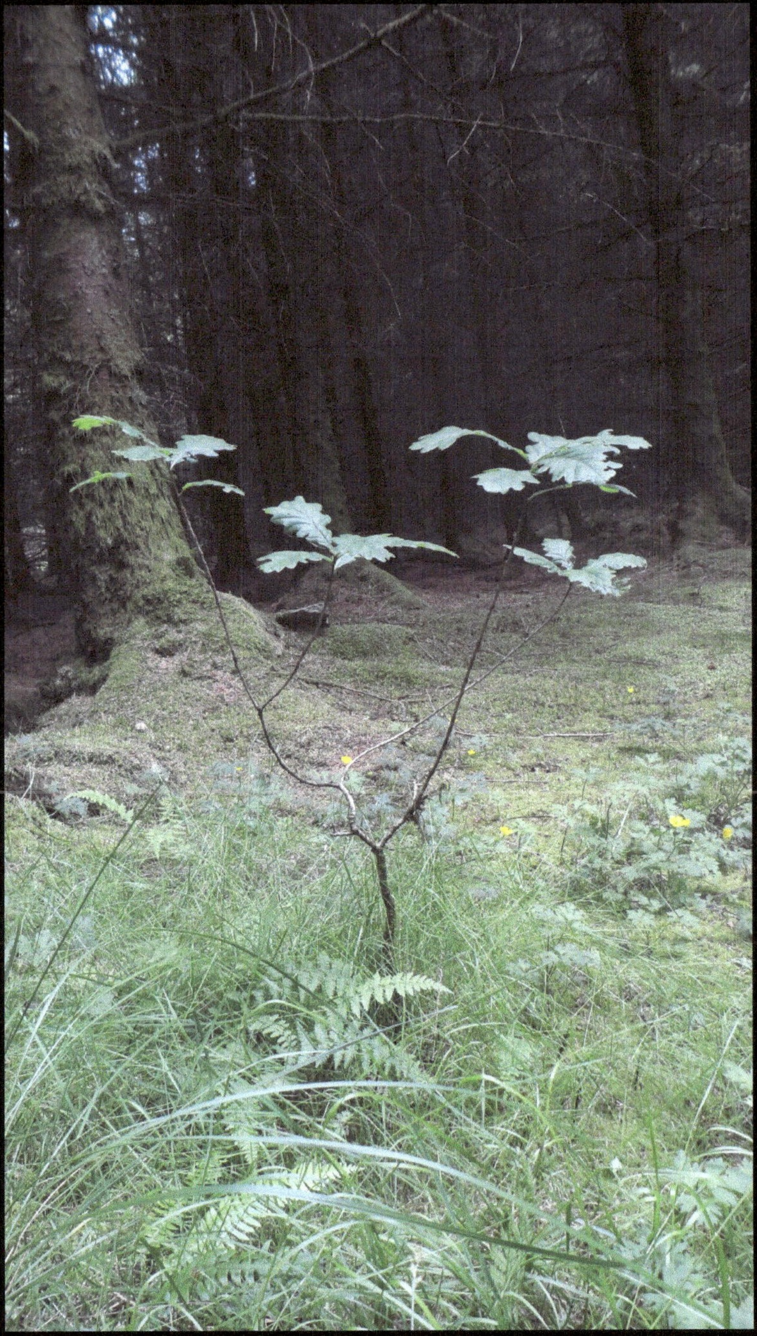

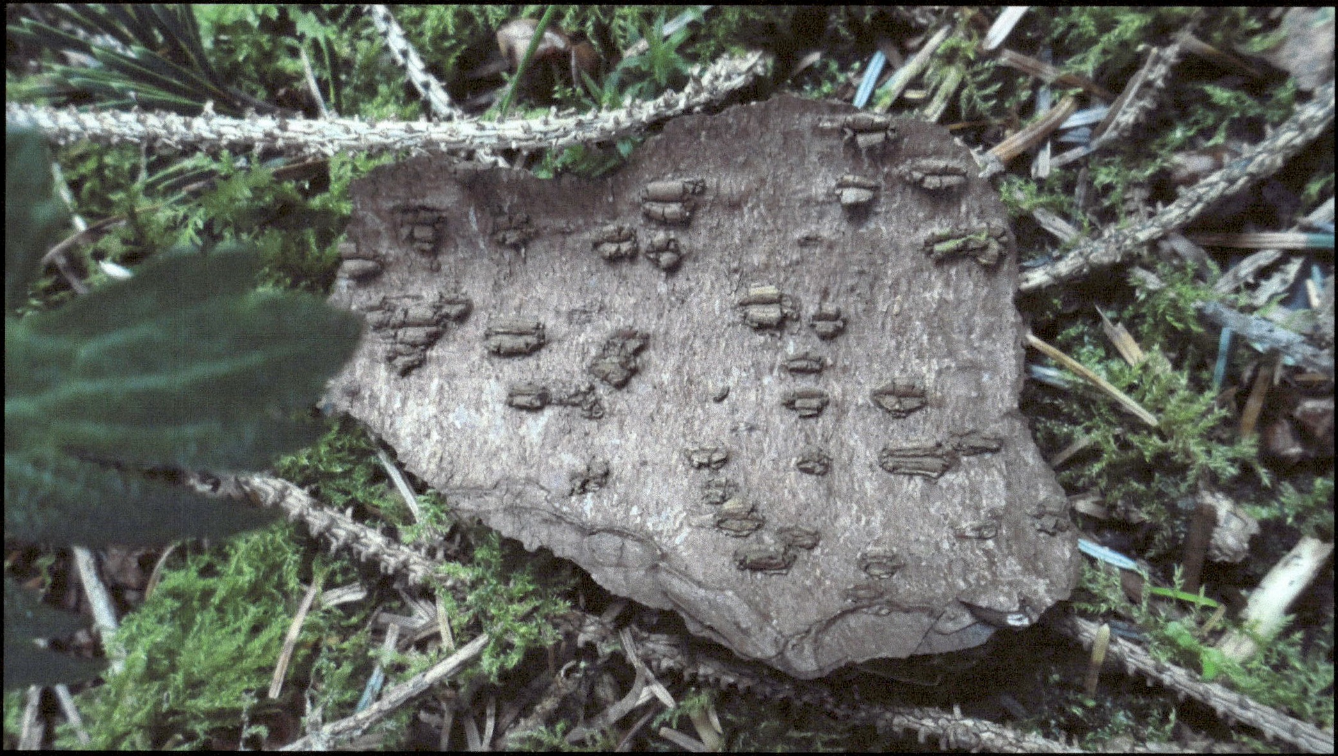

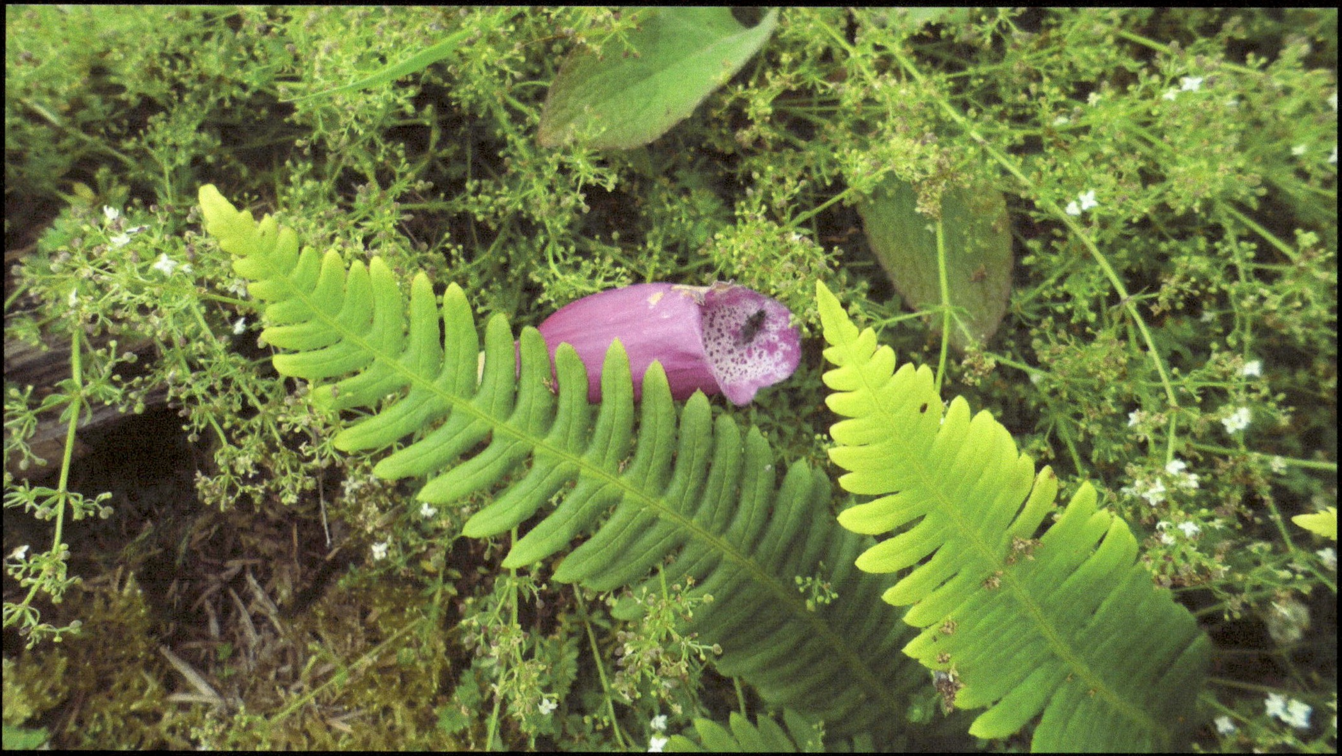

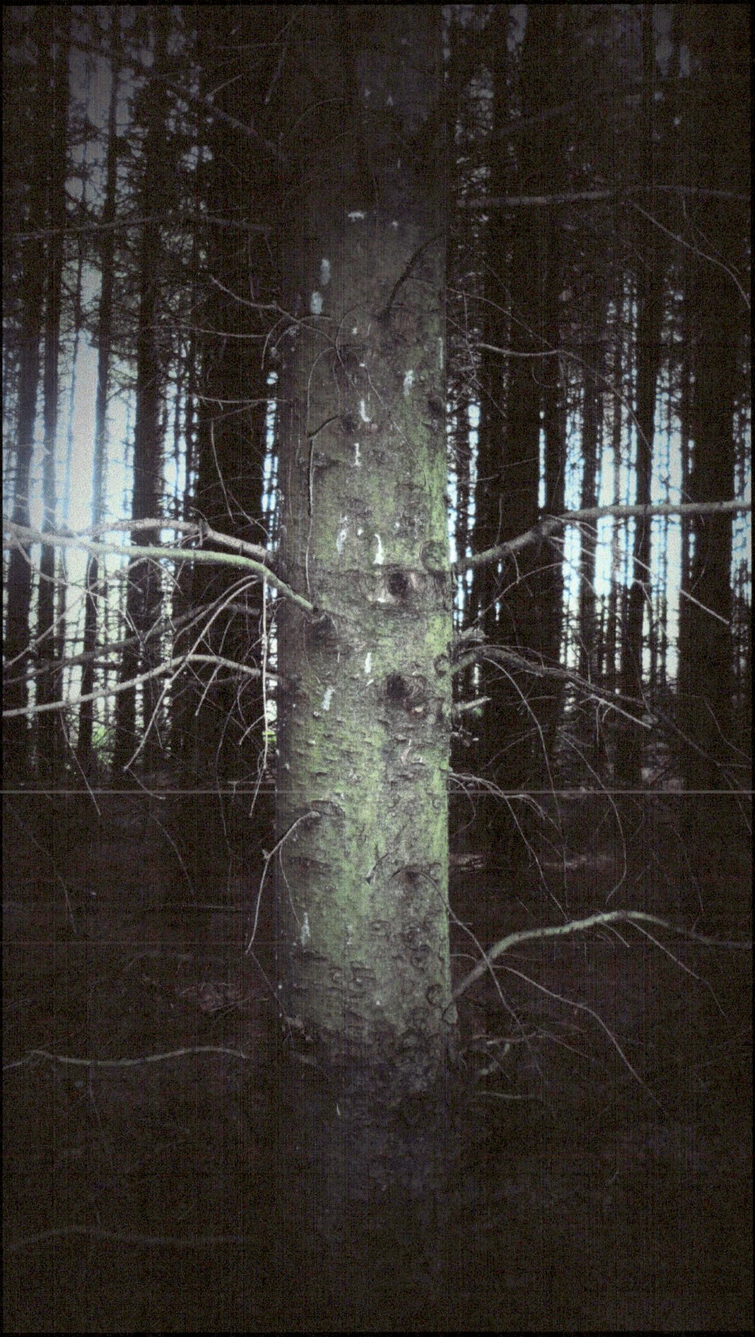

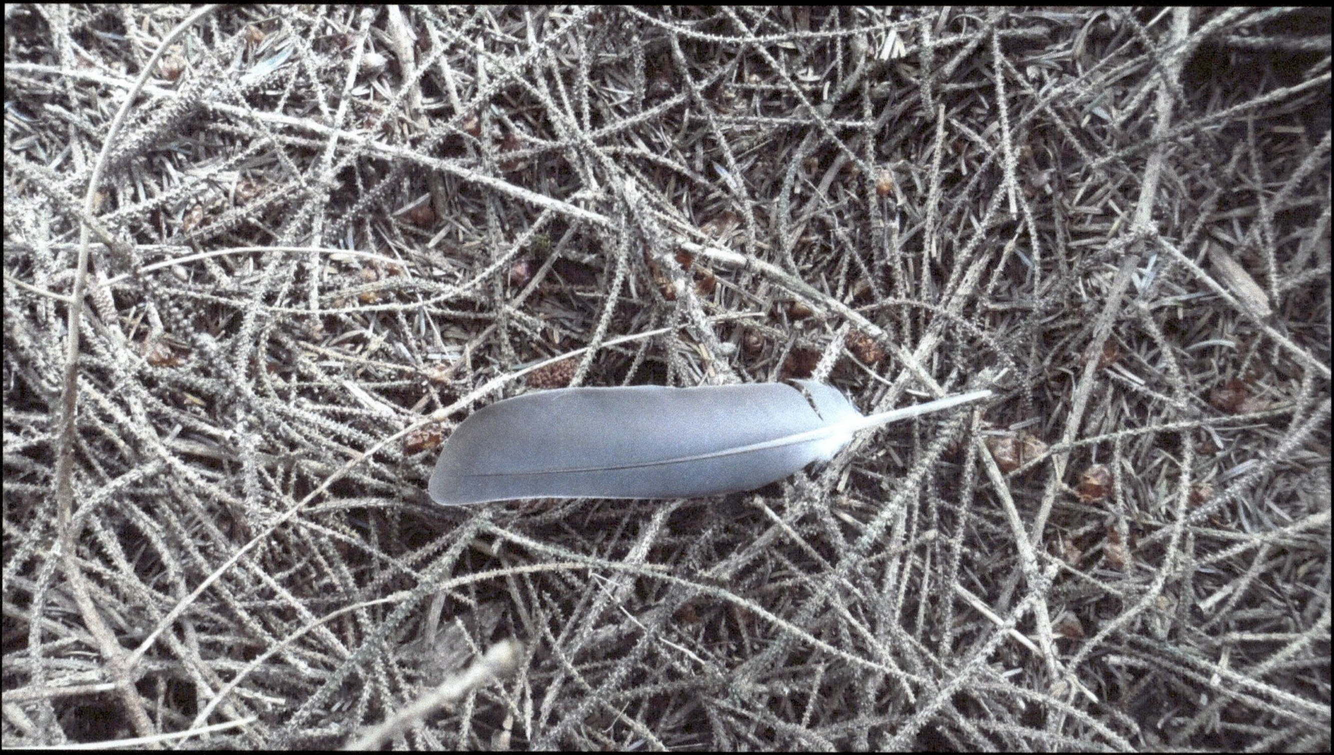

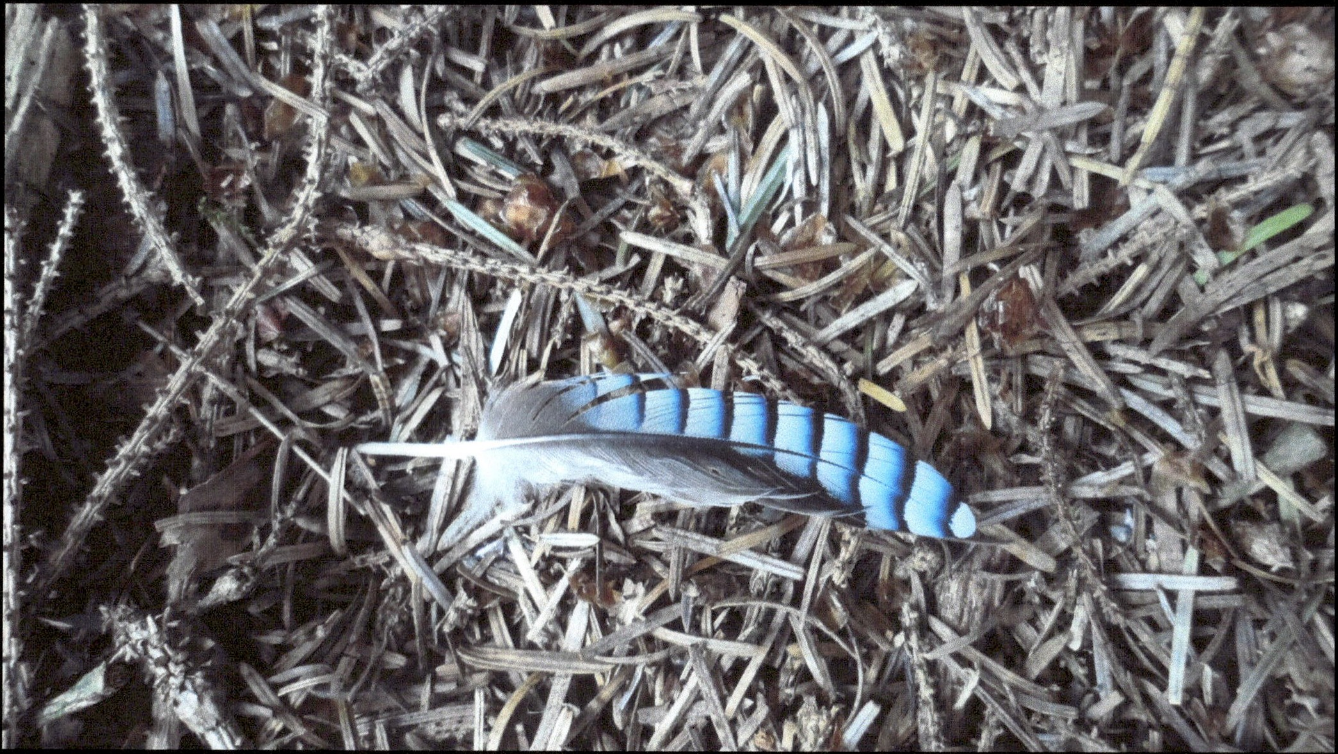

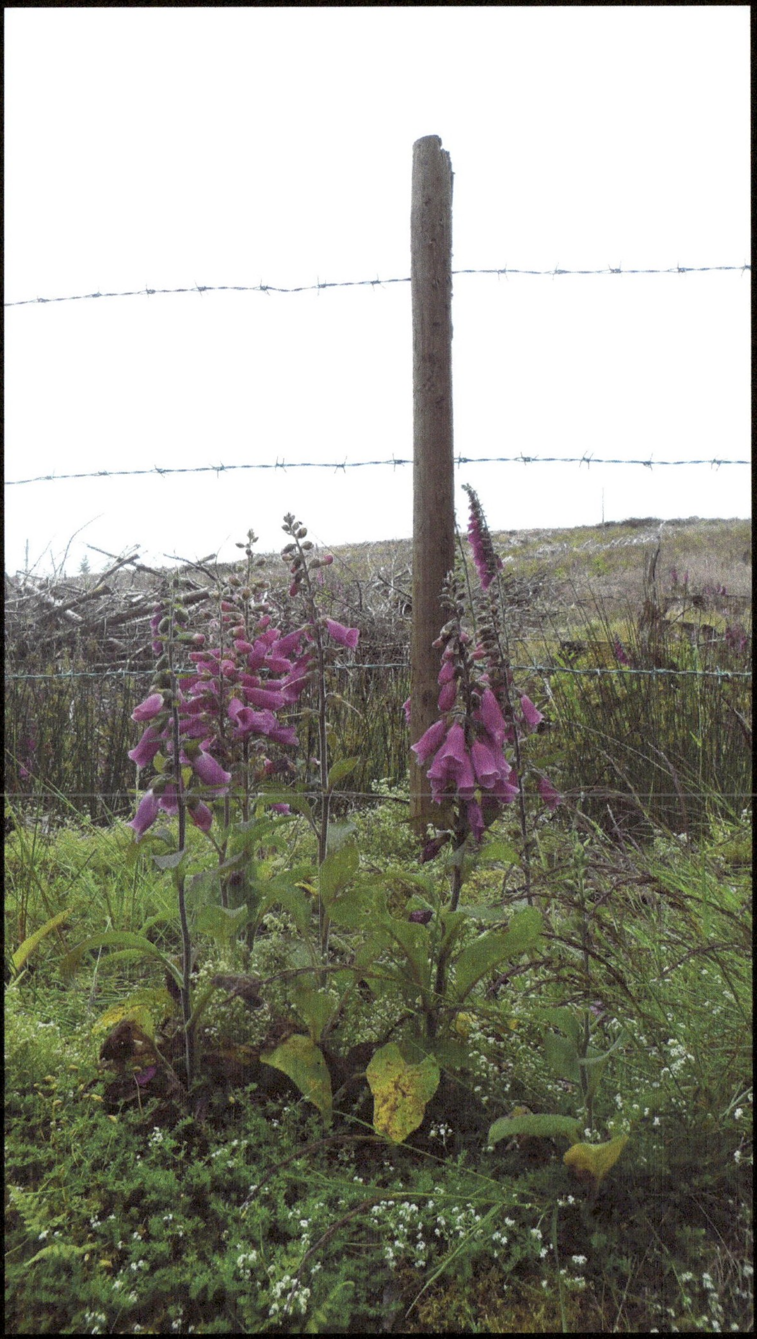

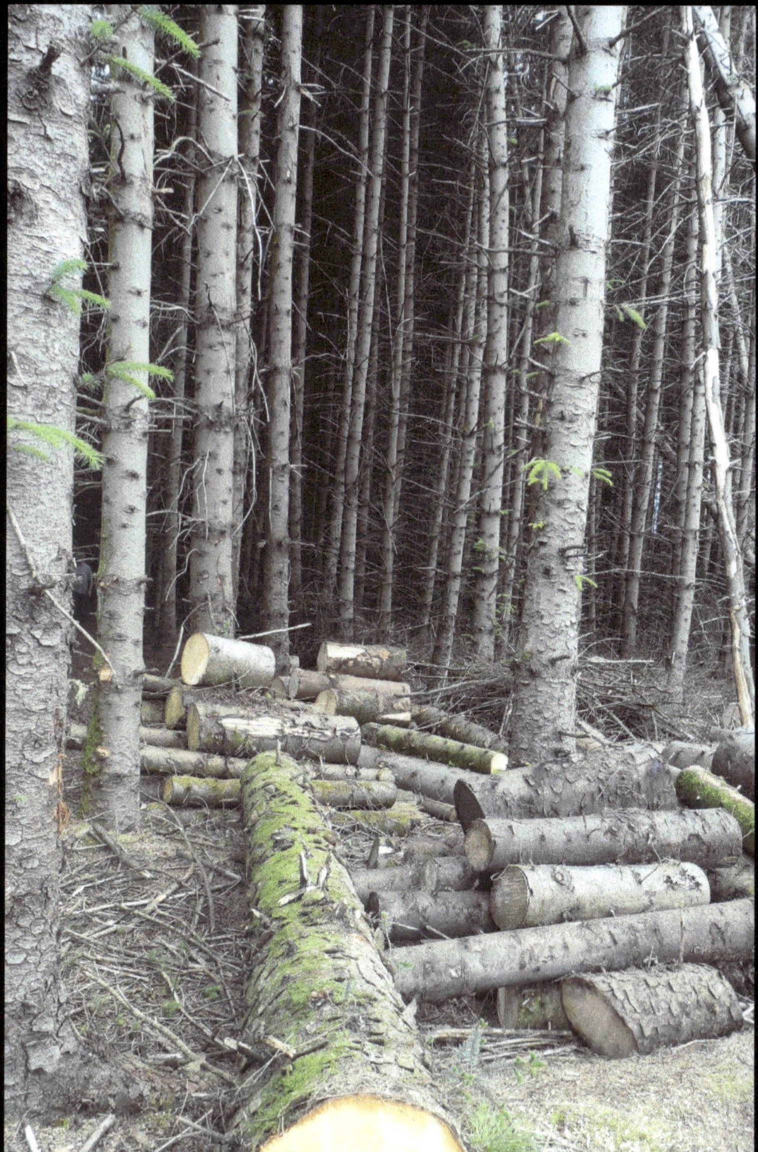

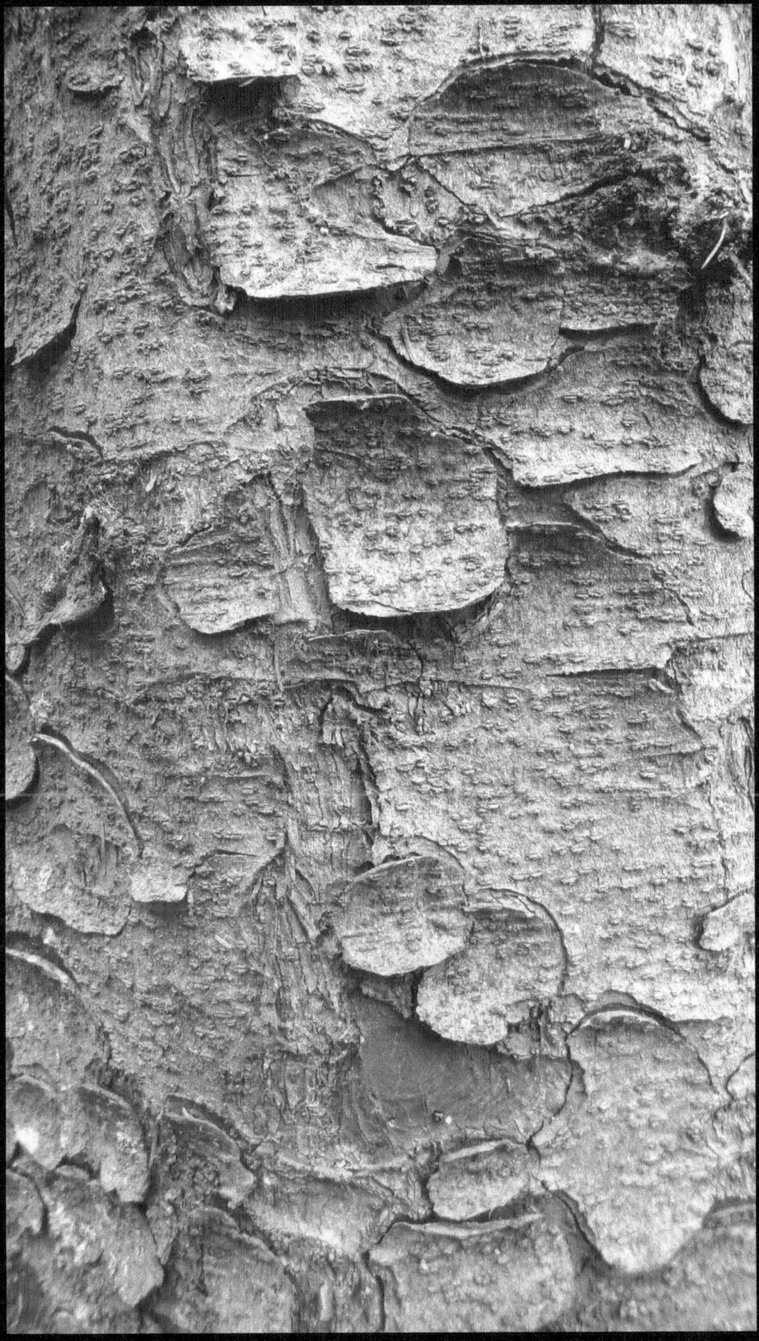

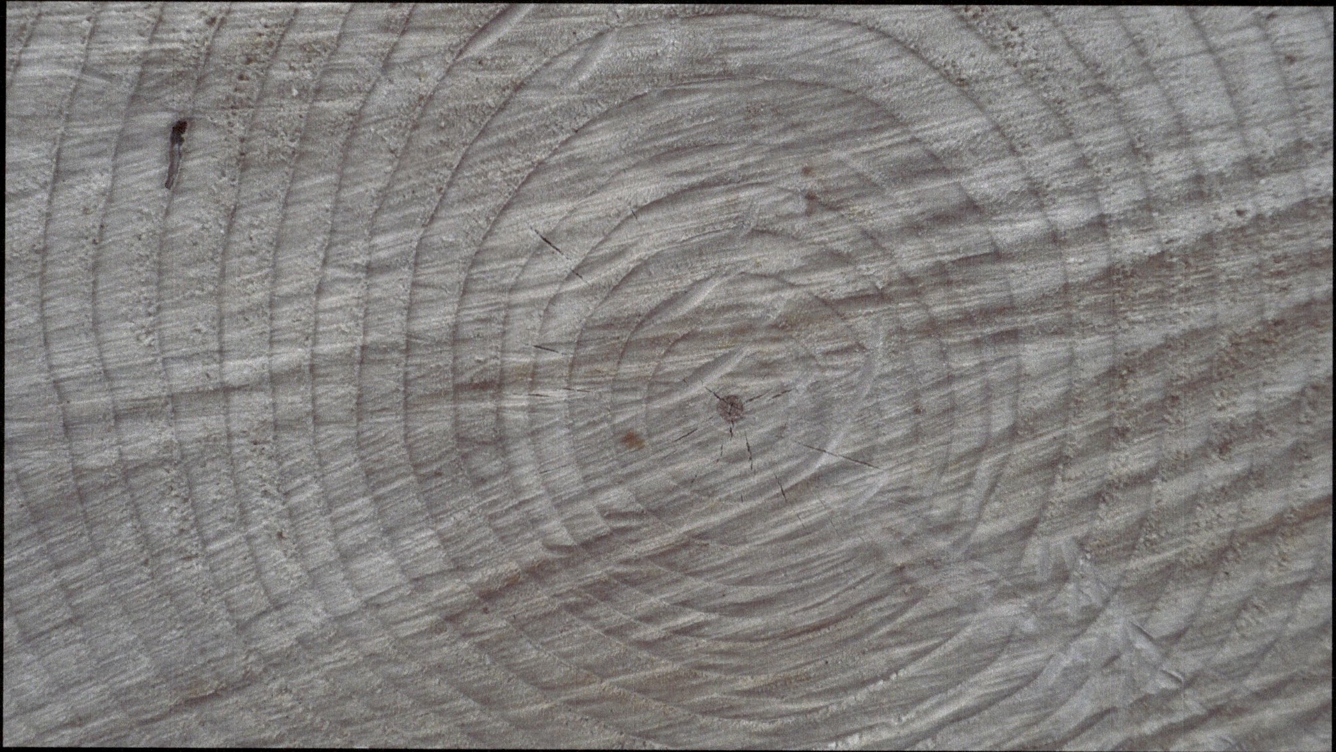
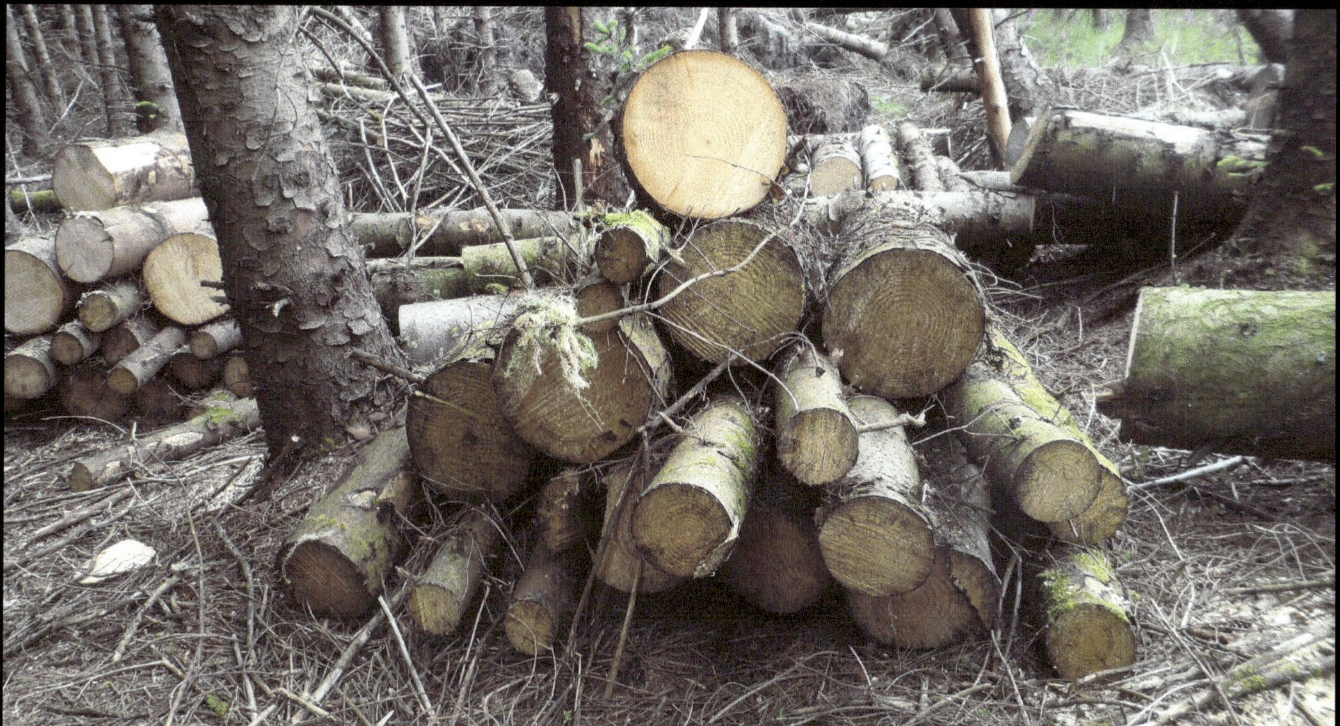

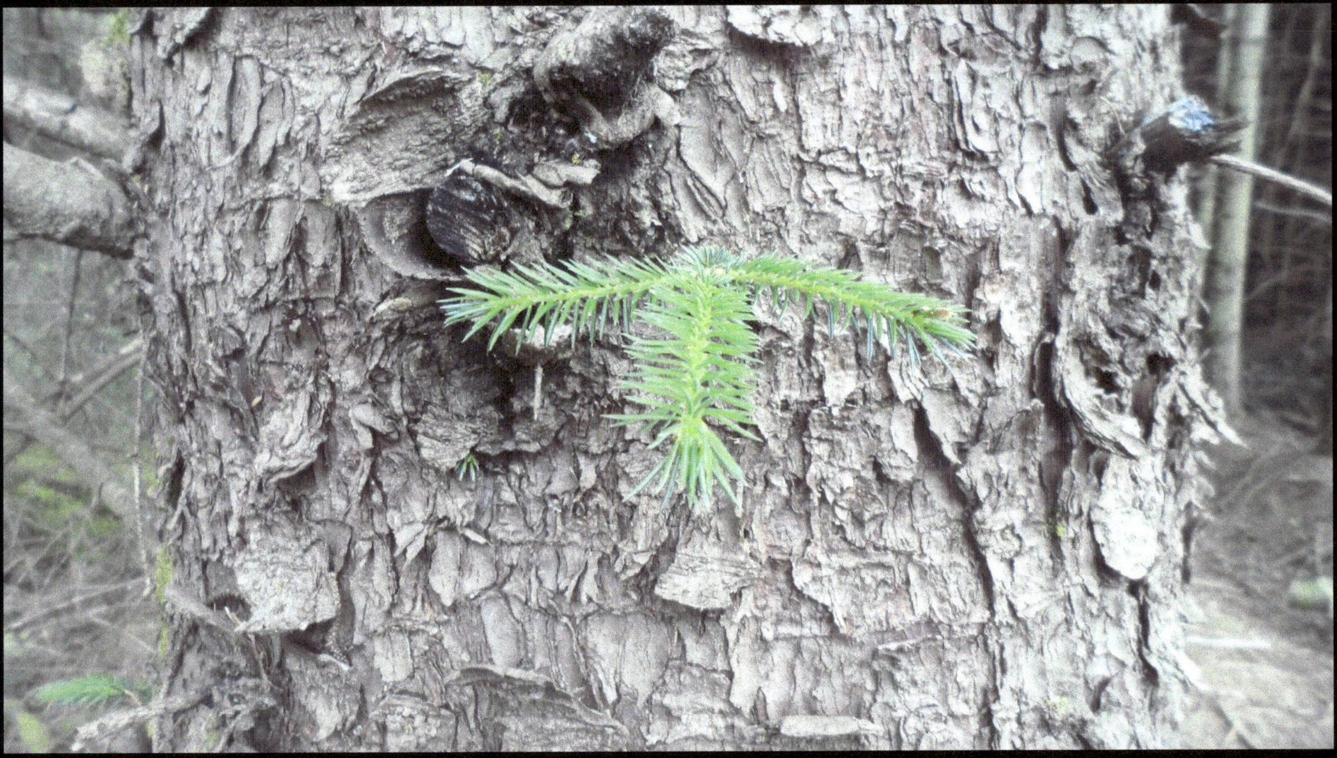

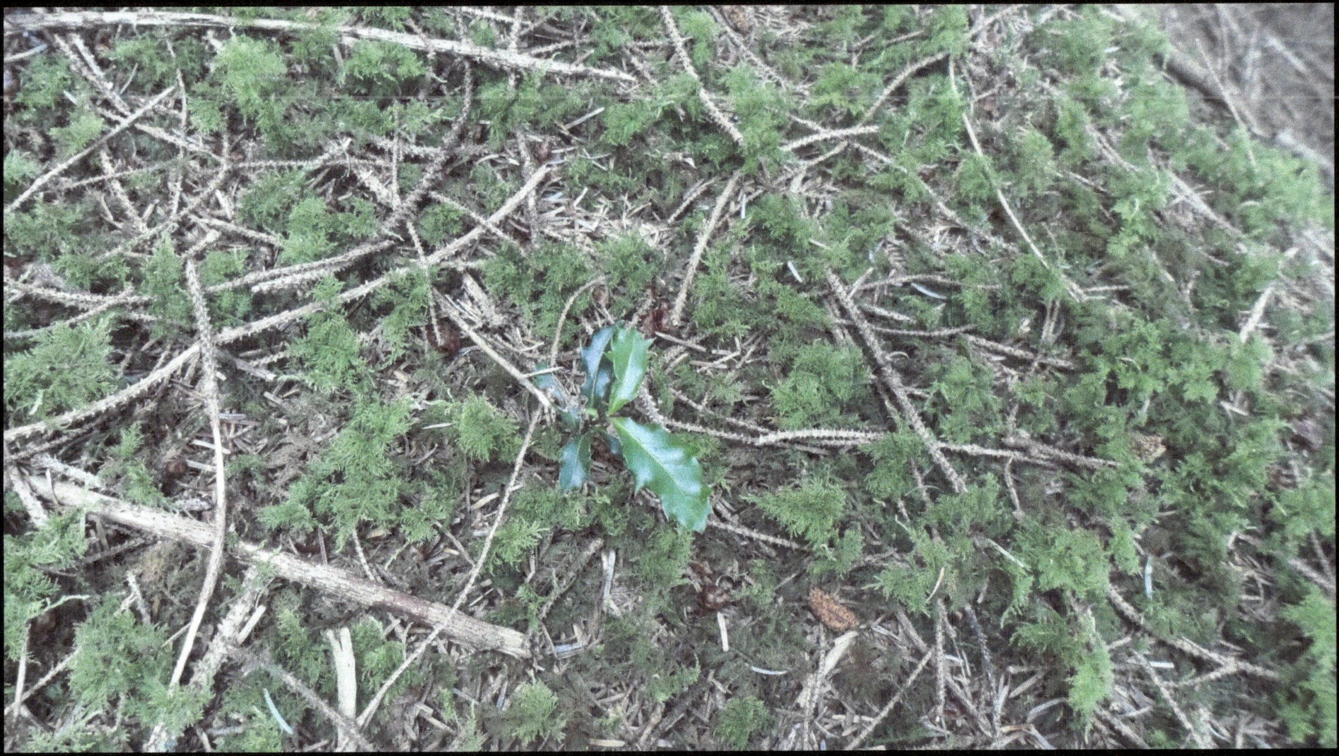

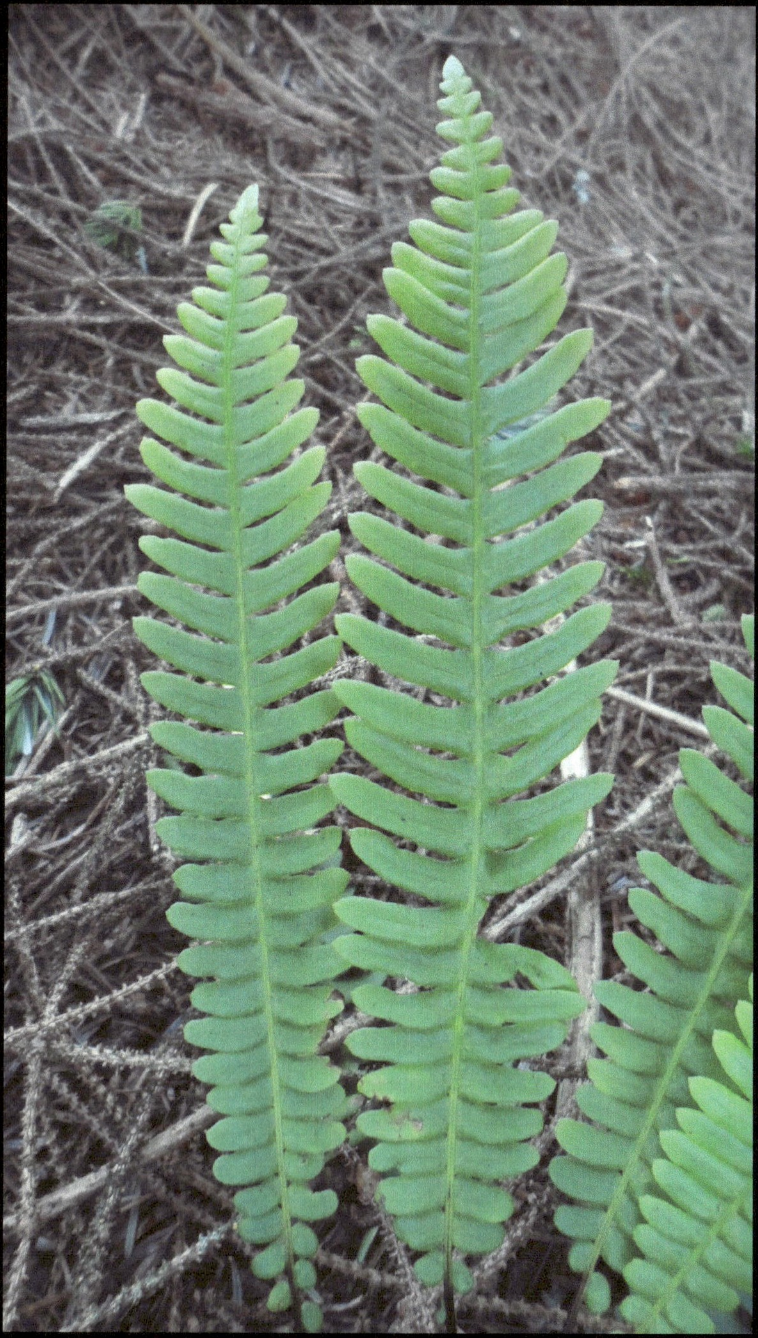

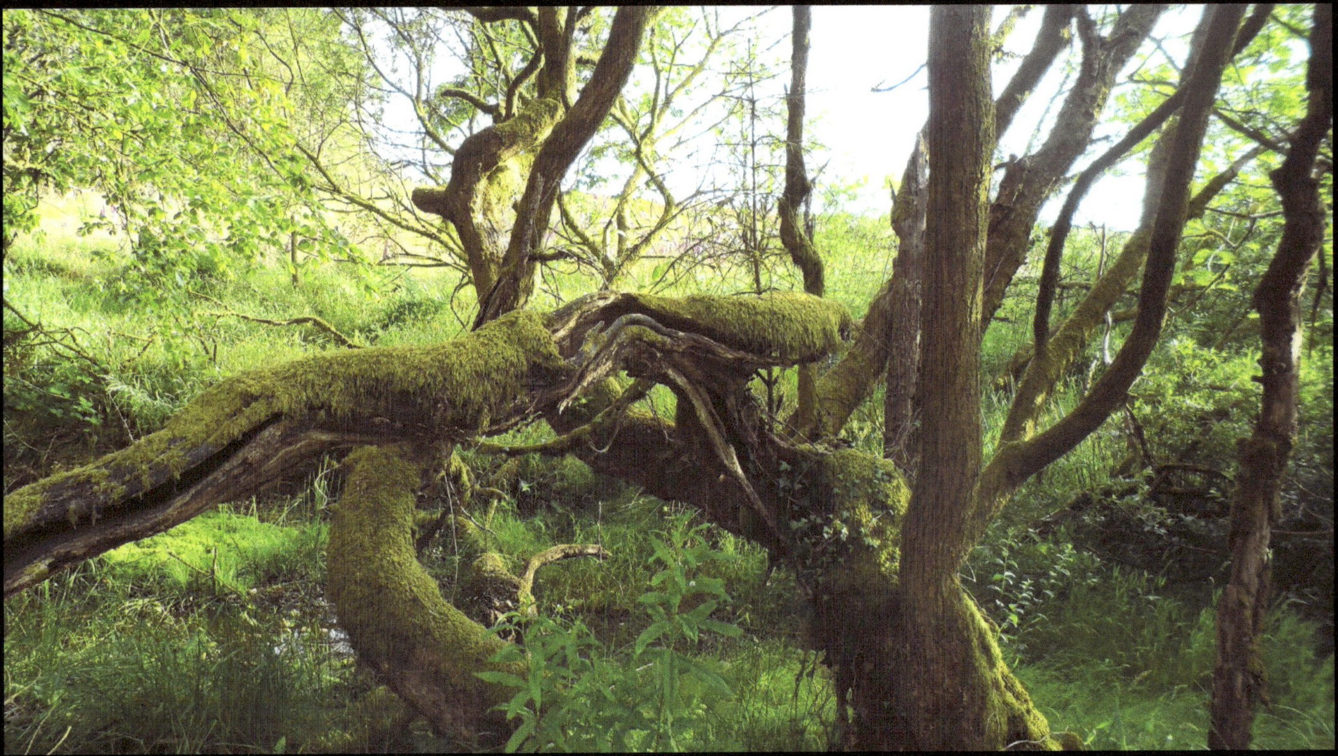

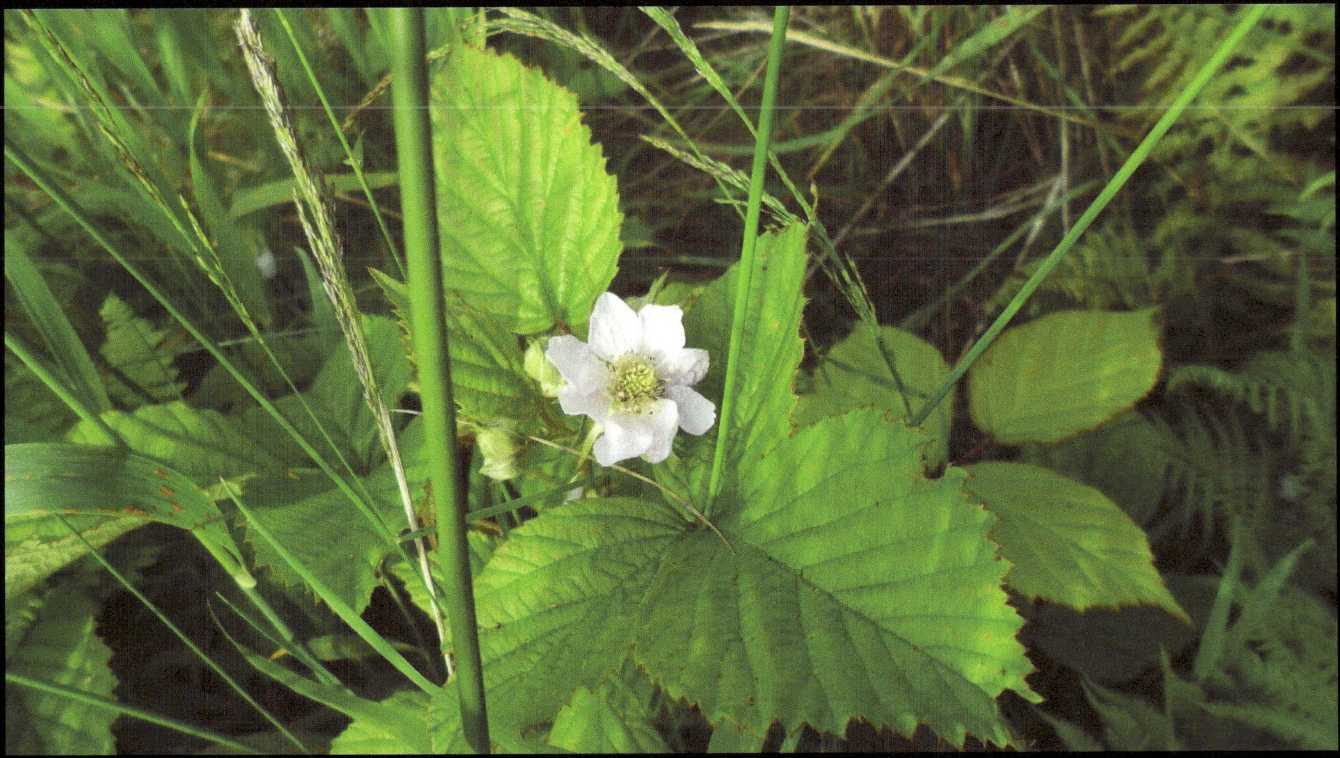

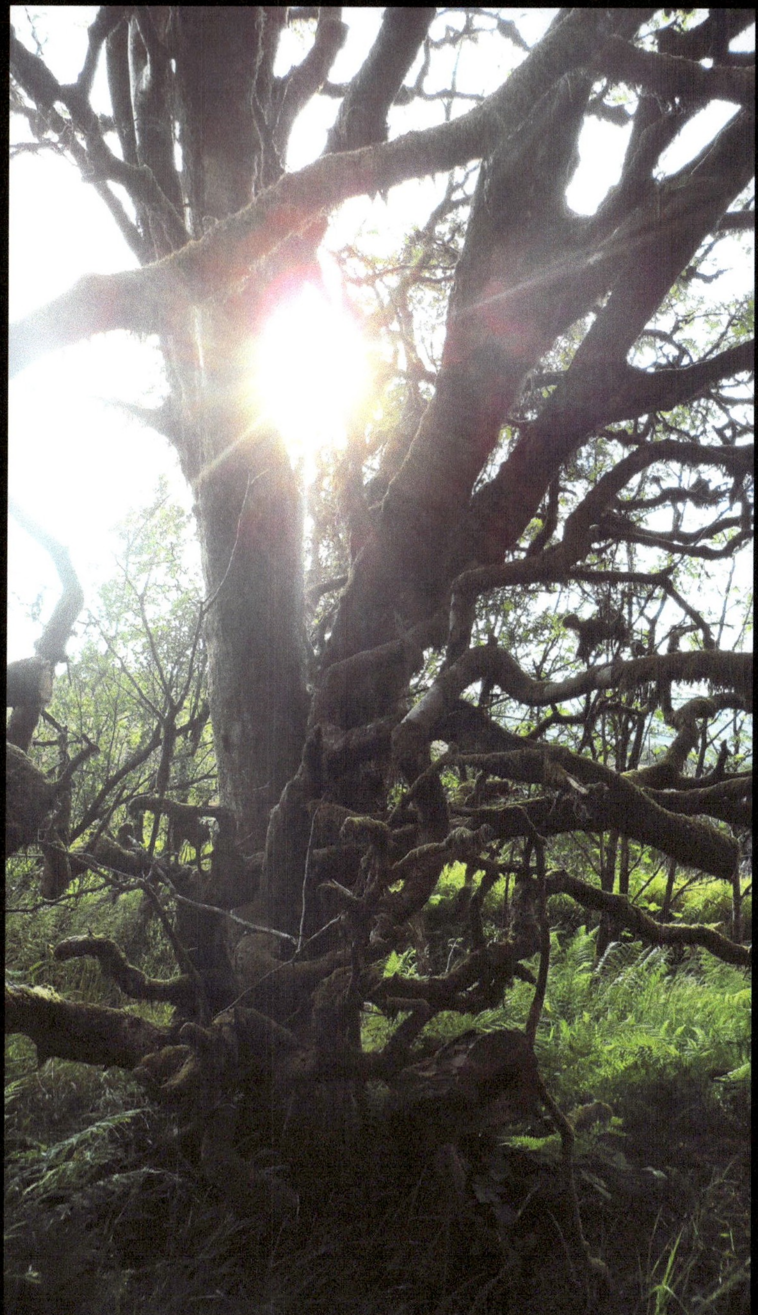

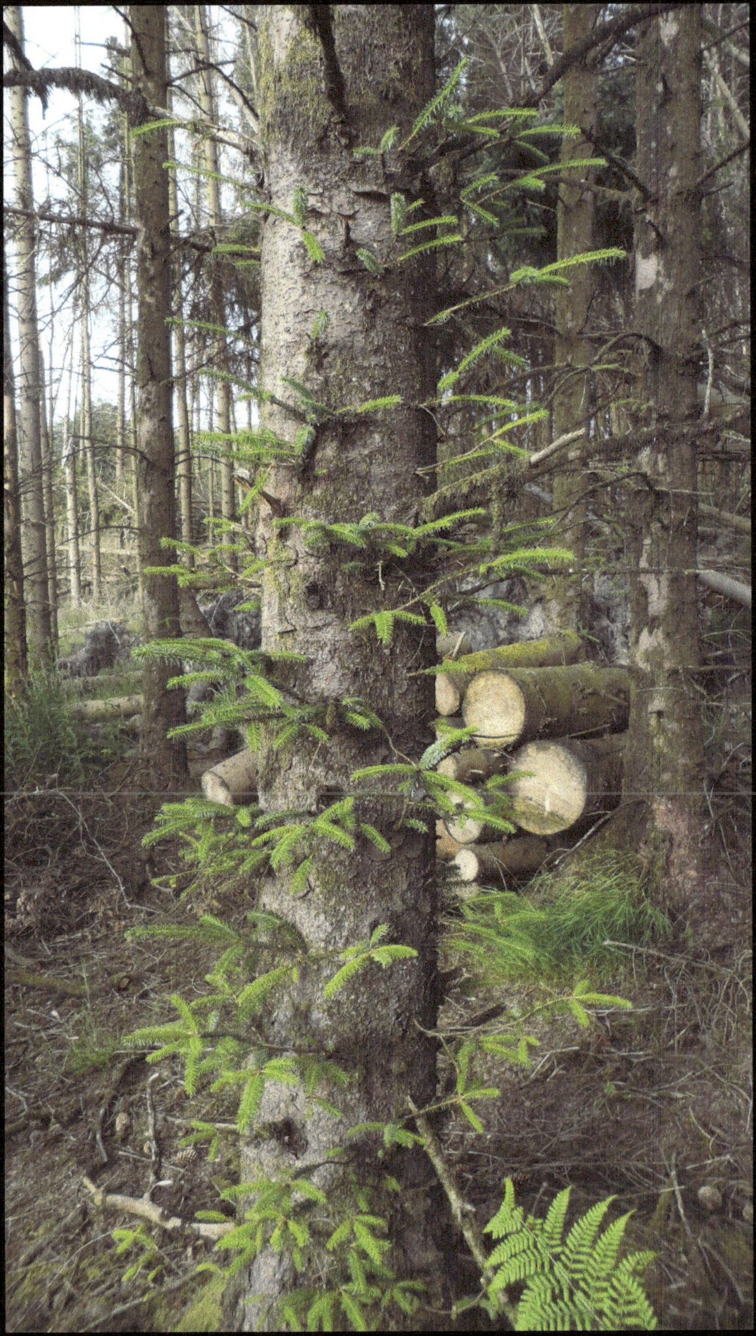

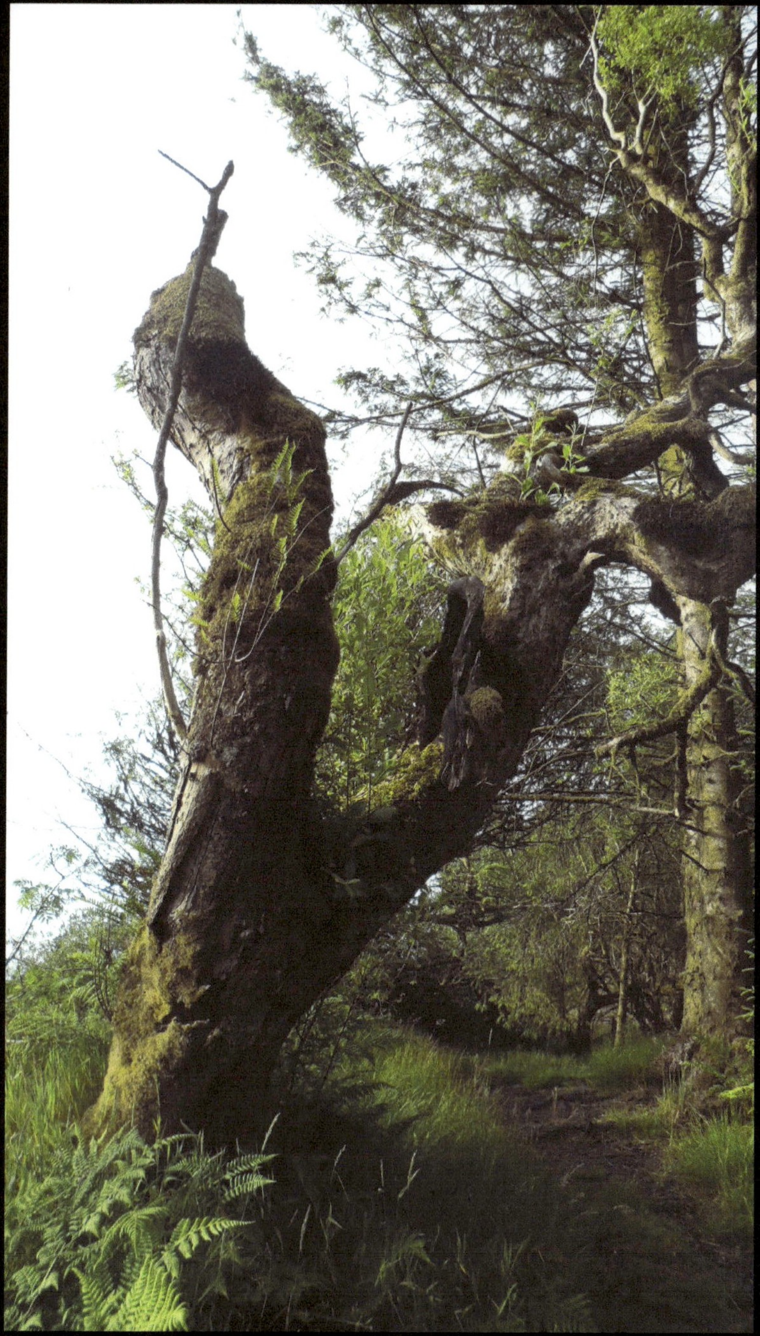

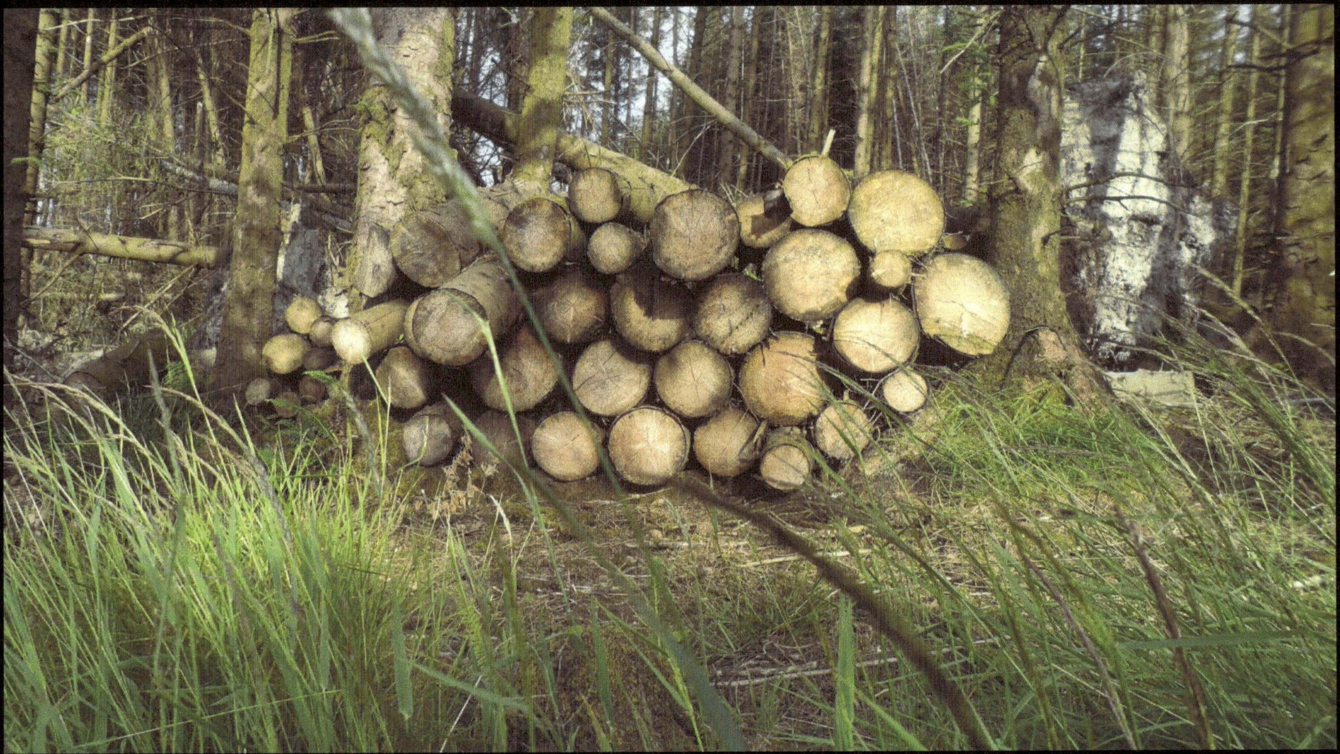
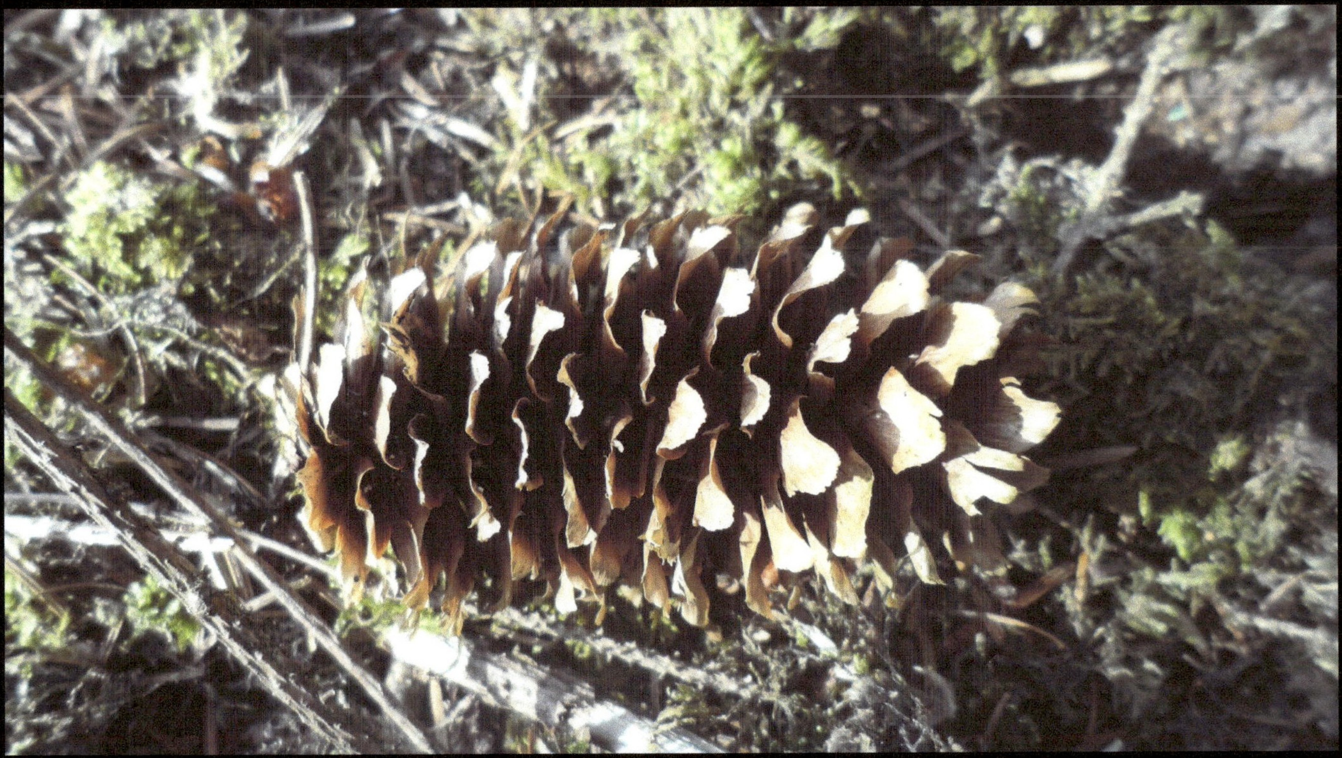

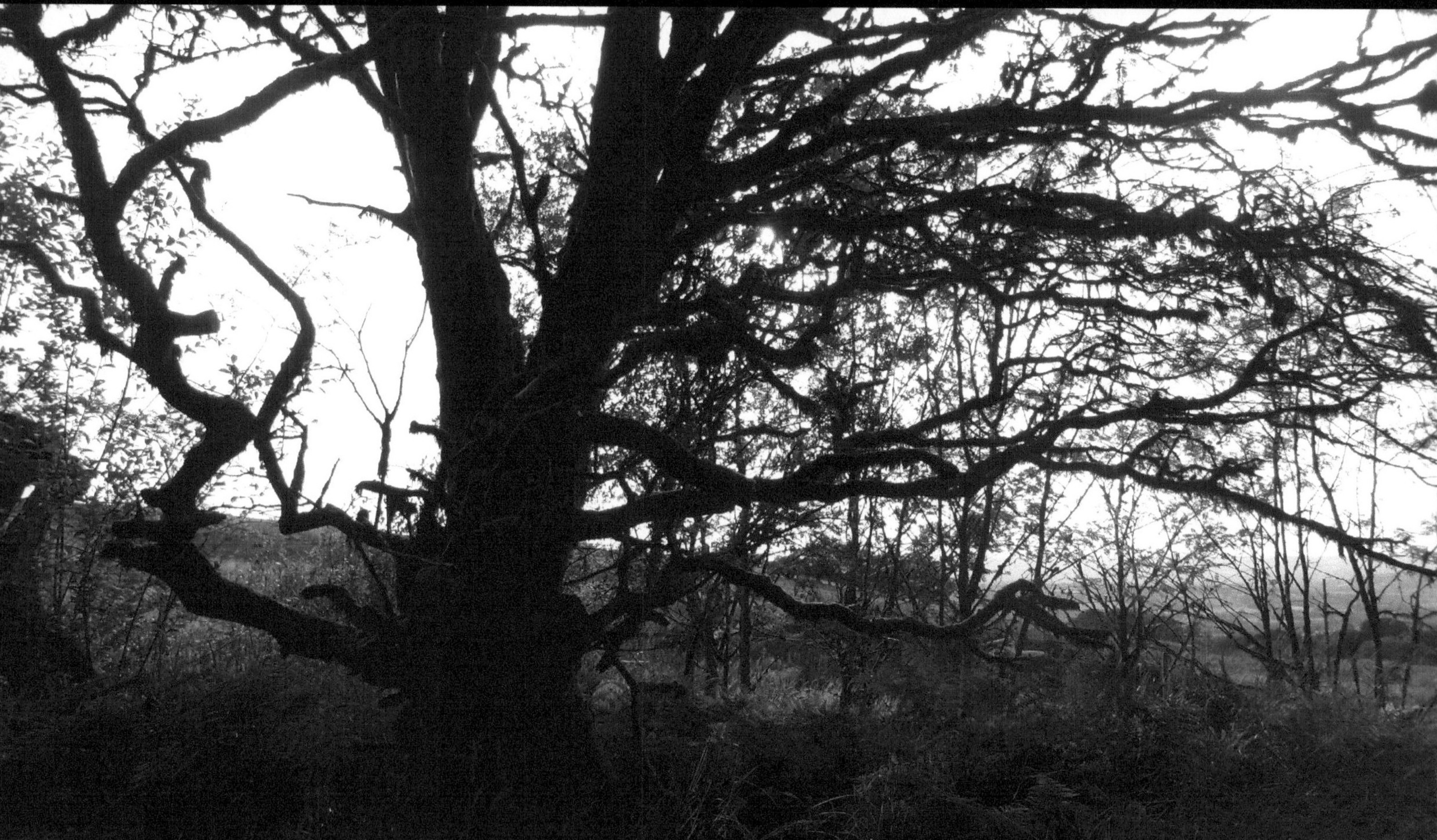

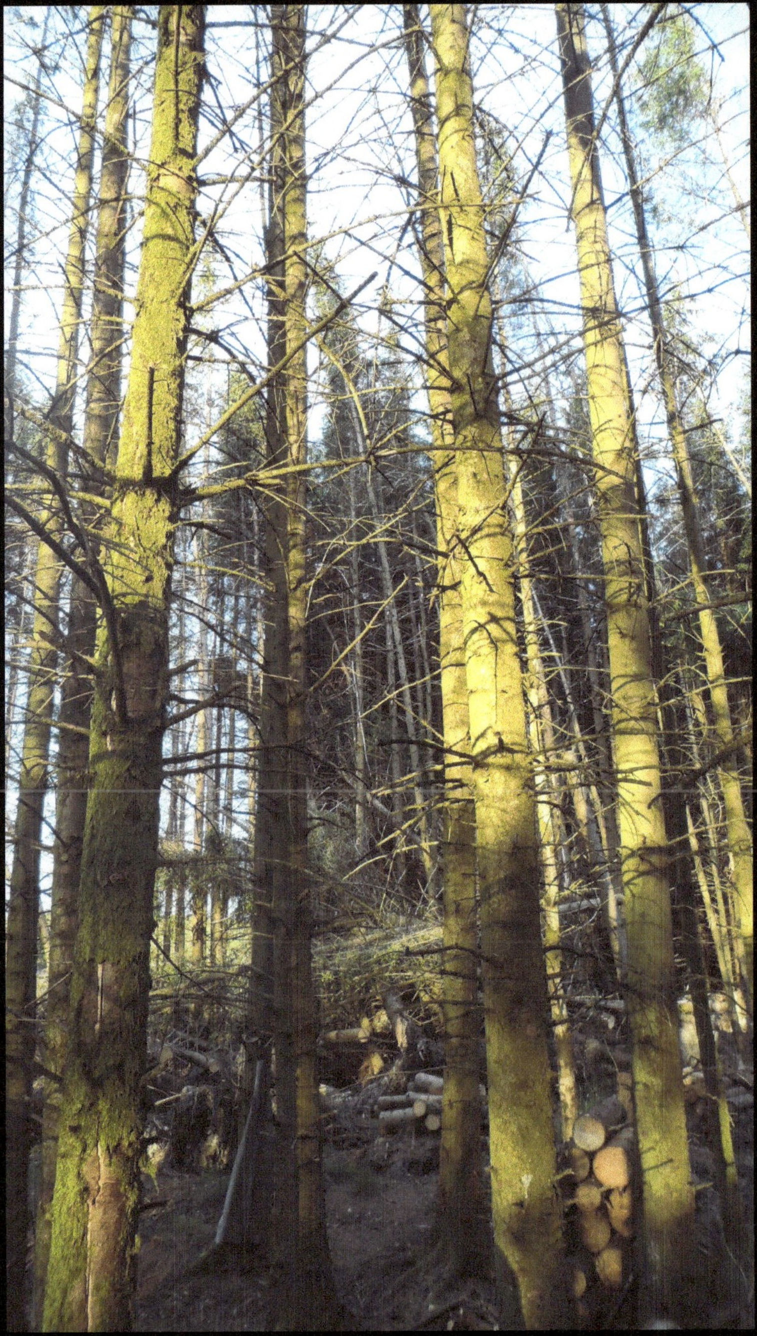

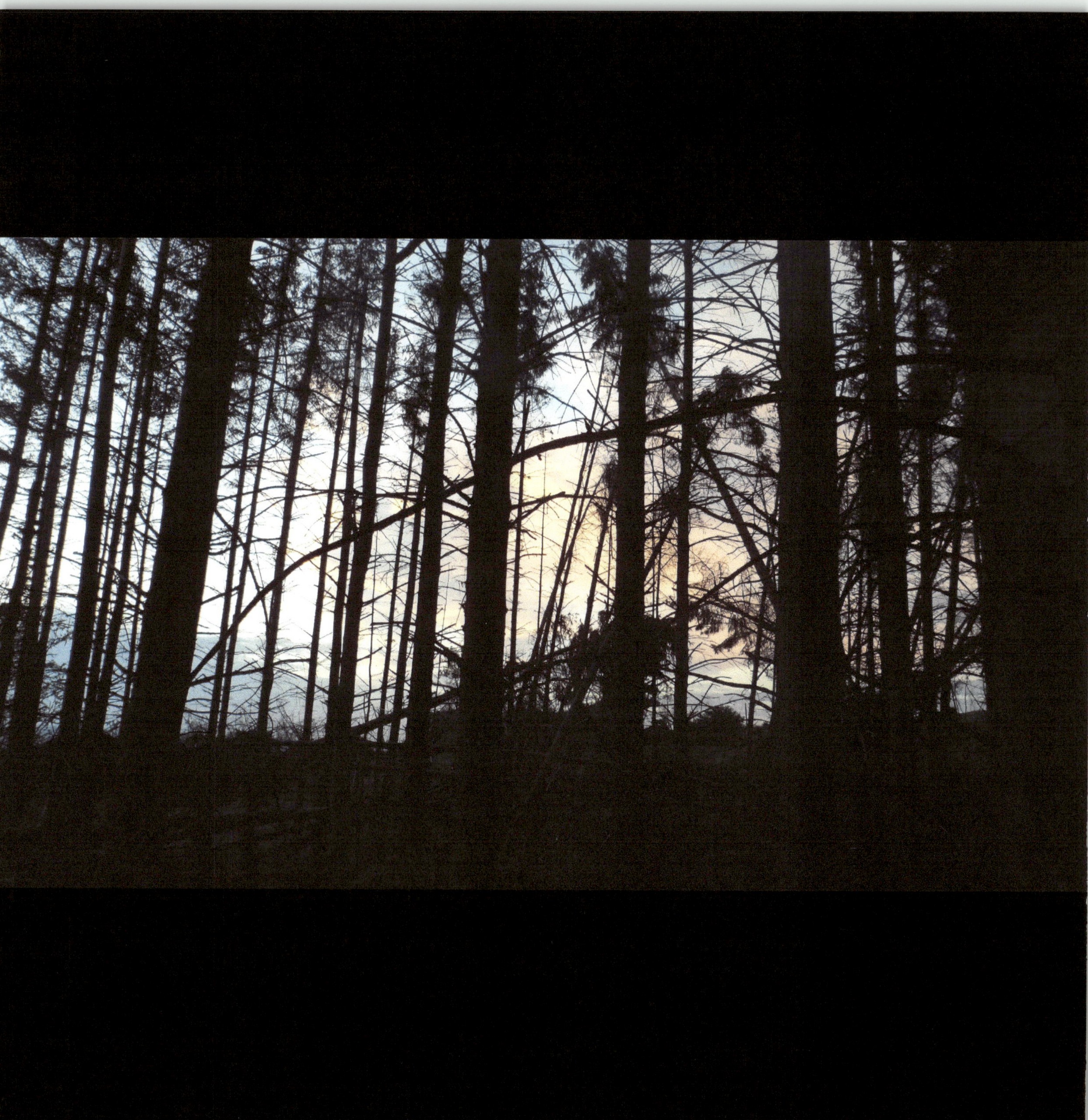

www.ingramcontent.com/pod-product-compliance
Lightning Source LLC
Chambersburg PA
CBHW060814290526
45792CB00005BA/1650
* 9 7 8 1 5 0 2 4 4 6 6 3 3 *